和爱情结婚

用爱滋养关系的幸福心理学

Marry Love

曾少芬 ◎ 著

北京联合出版公司
Beijing United Publishing Co.,Ltd.

图书在版编目（CIP）数据

和爱情结婚：用爱滋养关系的幸福心理学 / 曾少芬著 . -- 北京：北京联合出版公司，2022.4
ISBN 978-7-5596-6038-1

Ⅰ. ①和… Ⅱ. ①曾… Ⅲ. ①婚姻 – 通俗读物 Ⅳ. ① C913.13-49

中国版本图书馆 CIP 数据核字 (2022) 第 039130 号

和爱情结婚：用爱滋养关系的幸福心理学

作　　者：曾少芬
出 品 人：赵红仕
选题策划：北京盛世卓杰文化传媒有限公司
责任编辑：夏应鹏
特约编辑：王　景　马晓娜
责任校对：单元花
美术编辑：金　刚

北京联合出版公司出版
（北京市西城区德外大街 83 号楼 9 层　100088）
北京联合天畅文化传播公司发行
文畅阁印刷有限公司印刷　新华书店经销
字数 170 千字　880 毫米 ×1230 毫米　1/32　8.5 印张
2022 年 4 月第 1 版　2022 年 4 月第 1 次印刷
ISBN 978-7-5596-6038-1
定价：52.00 元

版权所有，侵权必究
未经许可，不得以任何方式复制或抄袭本书部分或全部内容
本书若有质量问题，请与本公司图书销售中心联系调换。
电话：010-65868687 010-64258472-800

恋爱，让很多人有了结婚的冲动。
婚姻，却破碎了很多人对爱的幻想。
可是，恋爱与婚姻，从来不对立。
内心拥有爱的能力，
在婚后的柴米油盐中，
爱情可以继续生长。

人生五章

第一章

我走在街上

人行道上有个很深的坑

我掉了进去

我迷失了,我绝望了

这不是我的错

我费了很大的劲才爬了出来。

第二章

我走上同一条街

人行道上有个很深的坑

我假装没有看见

我又掉了进去

我不敢相信我又掉进同一个坑

但是这不是我的错

我仍然花了很久才爬了出来。

第三章

我走上同一条街

人行道上有个很深的坑

我看见了

我又掉进去了,这是个习惯

但是我的眼睛是睁开的

我知道我在哪里

我知道我是怎么掉进来的

我立刻爬了出来。

第四章

我走上同一条街

人行道上有个很深的坑

我绕道而行。

第五章

我走上另一条街。

[自序]

有爱的能力，婚姻才不是搭伙，而是余生

相爱不易，经营婚姻不易，能够白头偕老，拥有一段持续被爱滋养的婚姻更不容易。

在过去十多年的婚姻咨询生涯中，我遇到过不同的来访者，有二十来岁的年轻人，也有七八十岁的老人家，遇到的"中年婚姻危机"的人更多。我见过一些本来生活在幸福中的人，因为突如其来的"暴风雨"把苦心经营的一切吞噬；我也见过许多人在婚姻中一直过着隐忍的生活，本打算将就着过，但没想到最终还是亮起了"红灯"；还有一些人一直生活在婚姻的困境中，却迟迟没有勇气面对，直到孩子的叛逆或"生病"迫使他们寻求咨询……

大多数人在婚姻中有过煎熬的经历。然而，老天安排的一切都是善意的礼物，目的就是唤醒那沉睡的心。庆幸的是，只要他

们有勇气，都可以通过心理学的课程或者心理咨询的方式疗愈婚姻带来的创伤。许多学生或来访者给我反馈：通过学习或咨询，他们不但从痛苦中走了出来，而且还唤醒了内心强大的力量。哪怕没有了外在的支撑，他们的内心依然能够充满爱、平静和笃定。

关键是，这份生机勃勃的力量将陪伴他们一生，而且会令他们创造出新的幸福生活。

在课堂上，我经常提到人有三度出生，人在第一度出生时（精子和卵子的结合）本来就圆满具足；但是在第二度出生（出生进入成长家庭系统）后环境塑造了认知，却和自我逐渐"失联"；如果有幸获得第三度出生的机会，通过和自我重新连接，又可以找回圆满具足的自己。第三度出生，是让我们成为自己生命质量的决定者。带着觉察，我们的内心拥有一切创造幸福和成功的资源。

很幸运，17年前，我因为重度抑郁走进了心理学的课堂而得到了治愈。从那以后，我就对与"人"相关的学问研究特别感兴趣，同时也全身心投入这一项助人的事业中，这些年在不知不觉中帮助许多人走出了情绪的沼泽，并拥有了修复支离破碎关系的能力，带领家庭穿越困境走向幸福。

有些人说做心理个案咨询很容易接收来访者的情绪垃圾，我不否认这是一个互相影响的过程，但对我来说，每个个案的咨询，更多的是一次生命的领悟和滋养的过程，我的内心也在其中更加通透、更热爱生命。

这本书总结了我这些年的个案咨询经验，重点在于分享爱情、婚姻关系的经营逻辑，呈现调整的范式，给大家提供走出亲密关系困境的方法。这是我潜心两年完成的作品，很多部分的内容写写、删删、修修、补补，为的就是通过朴实且温情的文字来呈现我想要传达的观点和思想。我希望用最简洁易懂的文字帮助大家最快地看到问题的本质，进而帮助大家最有效地解决问题。为了提升本书的实用性，我用了大量真实案例来解读理论。每节内容后的探索练习，希望大家能够结合自己的现状去思考、实操，相信会对你大有裨益。

我在多年的学习、培训过程中，见证了许多学员通过学习幸福心理学而成长、改变，从而拥抱幸福人生的例子。本书收录的故事全是发生在我的咨询室或我的课堂上的真实故事。我刻意隐去他们的真实姓名，以保护他们的隐私，并做了必要改动。或许你或你身边的人正在经历他们曾经经历的事。祝愿每位有缘读到本书的读者，人生能因此更加美好，关系也因此更加圆融！

感谢所有支持我的朋友，特别感谢愿意在书中贡献自己真实故事的朋友。最后，感谢我亲爱的家人，感谢你们一直的陪伴和关爱！

2021年8月31日

[前言]
婚姻的真实与选择

所有的童话故事结尾都千篇一律地写道:"从此,她和王子过上了幸福的生活。"我们每个人的内心都曾经有过这个美丽的梦。但当我们真切地进入婚恋关系之后,随着激情退却,取而代之的就是为鸡毛蒜皮吵吵闹闹,或同一屋檐下却无话可说,成了最熟悉的陌生人。

有人以为只要换个人就好了,经历过后,他们会发现情况是如出一辙,只是渴望真爱的心已经支离破碎。其实婚姻的选择,我们一开始就是在盲人摸象。这才是关于婚姻的真实。

两个人彼此吸引,而又没有能够全然了解对方,在激情的冲动下,在对结婚的憧憬中,在对完成婚姻大事的焦虑中,在对建立情感联结的渴求里,我们走进了婚姻。但这并不意味着我们有能力适应婚姻并懂得经营婚姻,并不意味着我们成熟到不会在亲

 和爱情结婚

密关系里暴露内在的伤痛，也不意味着和他（她）在一起就是一个非常正确的选择。

两性亲密关系是所有关系中最难处理的，因为彼此要面对很多差异，比如从一开始，彼此就各自携带与生俱来的不同先天气质，来自两个不同的原生家庭，从小形成不同的生活习惯和价值观，面对冲突不同的态度，彼此不同的信仰，等等。还有男女两性，无论从身体上还是心理上都存在很大差异，很多人在结婚前对异性一无所知，这些碰撞只有在婚姻关系中才会体现。

所有这些都需要足够长的时间磨合，以及两个具有成熟心智的人去接纳彼此的不同。

家家有本难念的经。每个人穿着不同的鞋，走着不同的路，便有着不同的感受。故此，无论你现状如何，我都无法给你答案。

因为，你有选择的权利。只是，在你做出选择之前，希望你有缘看完这本书。

本书选取我过去处理的部分较有代表性的婚姻个案作为探索，所有的故事背后都有着我们不曾探索过的真相。当你了解到这些真相的时候，相信你会换一种眼光、换一个角度去看过往的感情，你会有不同的想法和感受。

著名哲学家柏拉图说："人生最大的遗憾，莫过于轻易地放弃了不该放弃的，固执地坚持了不该坚持的。"

重要的东西用眼睛是看不见的，只有用心才能看清楚。有心人的生活总会多一些幸福的滋味。

我希望，在用心看完这本书后，你能增强创造幸福的能力。同时，你也会做出更加明智的选择：关于幸福的选择——把过去那本"难念的经"变成一本"幸福的经"。

婚姻的选择

但凡找我做婚姻咨询的，我都不会轻易给他们建议，更不会告诉他们应该做出怎样的决定。

但是，我会尽量放空自己，带着好奇去了解每个人的故事，并试着和他们一起去探索一些他们过去没有探索过的部分，让他们增加一些新的视角，再由他们自己做选择。

我会告诉他们，无论这段婚姻已经开始了多久，他们最少有四个选择：

选择1：继续努力，经营出一段幸福的婚姻

这是一段感人的对白：

番茄：我爱你！

土豆：我也爱你！

番茄：但是我们不一样。

土豆：等我……

土豆回来后变成了薯条。

薯条：没有情侣在开始的时候就是完美的。

土豆变成薯条，番茄就成了番茄酱。

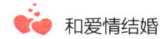 和爱情结婚

幸福的婚姻，需要两颗愿意改变的决心。

至少一方先走出第一步。因为一个人改变了，也可能会影响另一个人改变。但这仅仅建立在双方都有独立自主的人格的基础上。因为每个人的力量都是有限的，只有你愿意贡献一些，他愿意贡献一些，彼此互相贡献，婚姻才会长久。

通过多年婚姻咨询工作积累的经验，我发现，夫妻要白头偕老，而且幸福快乐，需要以下几个条件：

第一，两个人都有独立自主的人格，都有自我负责的能力；

第二，了解彼此存在的差异，有求同存异的意识；

第三，培养面对和处理冲突的能力，有风雨同舟的勇气；

第四，要发展出友情，有共同感兴趣的话题。

所以，这些也是本书要探讨的方向。

选择2：凑合着维系婚姻

不少人认为婚姻就是"搭伙过日子"。他们为了结婚而结婚，为了延续后代而结婚，为了有个依靠而结婚，为了衣食无忧而结婚……这样的婚姻，大抵除了"银子、房子、车子、孩子、面子"，再没有更多的共同话题了。随着一个个目标的达成，利益共同体逐渐分崩离析。没有情感的交流，彼此内心有解不开的疙瘩，在一起沉重又有压力，却又不愿去面对和解决。

于是，你有你的空间，我有我的世界，彼此成了"最熟悉的陌生人"。有人因为内心没有安全感而继续忍辱负重将就着过，也有一些人由于离婚"成本太大"而勉强继续做名义夫妻。

这样有名无实的婚姻无异于自欺欺人。

选择3：好聚好散，再见亦是朋友/亲人

离婚的原因有很多。如果单方面已经竭尽全力，而付出与索取一直处于失衡状态，对方一味索取，那关系终有一天会走向结束。因为没有人可以做婚姻的救世主，单方面背负太多反而是害不是爱。

在我国，没有孩子的婚姻比有孩子的离婚容易很多。因为很多父母担心离婚会影响孩子。其实，明白人知道离婚只是一种不同的相处状态。整日争吵或冷战的父母，对孩子而言还不如一对和平分手依然共同关心、爱孩子的父母。

经过婚姻咨询之后再决定离婚的人，他们选择离婚时能更加理智地处理，即使分开也会彼此祝福、彼此顾念，并共同抚养孩子。他们比较能注意到另一半的缺失对孩子的影响，并且有意识地给予孩子足够的关注、爱护，使其学会独立生活。这样的孩子成人以后，反而更懂得如何爱别人和理解别人、如何处理问题。

选择4：反目成仇，形同陌路

尽管现在离婚率越来越高，但很多人依然会觉得离婚意味着"很失败"。带着"失败"的负面想法，有些人离婚后形同陌路，老死不相往来，甚至心里还有怨恨。

婚虽离，但"关系"依然有着千丝万缕的恩怨情仇，这些剪

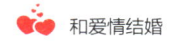

不断的情绪会一直束缚着彼此的心，也很难在新的关系里获得真正的幸福。

其实，失败的永远不会是婚姻和伴侣本身，而是你对待婚姻的态度。分手或离婚只是一种选择，不总结不成长才是真正的失败。让过去完结，带着尊重和感激看待过去，这是所有离异人士重获幸福的前提功课。

无论你选择的是什么，请记住你永远是有选择的。每个人都有获得幸福快乐的资源和能力。这是我们与生俱来的权利。如果我们没有将它变为现实，可能是因为我们还没有认识到自己内在的潜力，也可能是因为我们不相信幸福会在我们身上实现。

正如在《肖申克的救赎》里含冤入狱的安迪在看不到出路的时候依然说：希望是美好的事物，也许是世界上最美好的事物，美好的事物从不消失。无论一个人承受着怎样的痛苦，只要心存希望，他便有了突破的勇气。

设定你的目标

"困"，就是一个人像木头一样，老老实实地待在自己的框架里。困难，因为"困"所以"难"。困难背后是目标，当你有一个"困难"时，你不如问自己：我要的目标是什么？

现在就让我们先迈出第一步——设定你的目标。

请列出希望解决的问题和目标

从一开始，为了让这本书更具有实用性，我邀请大家列出一些婚恋关系中正在面临的问题,并设定理想的目标。或许你正面临着艰难的抉择,或许无法实现你想要的目标,又或许你正面临着一个非常有挑战的问题……你都可以一一罗列下来。

这样做的好处是:就像开车前会先设定目的地,只要不偏离目标,始终会去到我们要去的目的地。

问题和疑惑一:

理想目标:

问题和疑惑二:

理想目标:

问题和疑惑三:

理想目标:

 和爱情结婚

问题和疑惑四：

_____

理想目标：

_____

············

目录
CONTENTS

第一章
为什么在爱情面前如此无力

关系里留下的伤疤，都是内心世界的映射 / 003

看不见的冰山 / 008

爱情五大毒药：谁在爱里下了毒 / 017

爱情有伤的三大根源 / 025

第二章
在感情中的创伤投射

梦中情人：理想父母的投射 / 038

痛苦和伤害：源于错误的期待 / 044

成熟的心智：只是爱，没有期待 / 049

病毒信念：制造出情感病毒 / 051

完美主义：追求完美=追求完蛋 / 056

和爱情结婚

自我中心主义：改造对方，成就不出幸福的婚姻　/061
性冷淡：本质上是性压抑　/064

第三章
冲突背后的真相：
冲突不是问题，应对方式才是问题

表面"都挺好"，实则缺乏情感联结　/072
压抑的"老好人"，丧失面对冲突的能力　/078
忽视问题本质，造就"追逐—逃避"的恶性循环　/081
借助情感勒索，实施强烈的控制欲　/088
转化习惯性压抑，做真实的自己　/094
接受冲突，善用冲突促进了解　/100

第四章
知己知彼，求同存异

了解先天气质的差异，找到对的相处方式 /110

摘掉标签：区分事实和想法 /122

滋养爱与婚姻的三大营养 /129

告别婚姻中的假想敌 /136

建立界限，走出令人窒息的依赖情结 /141

用对爱语表对情 /145

性和谐，深度调节感情的温度 /150

出现婚外情还可以挽救吗 /154

共同成长，谈一段永不谢幕的恋爱 /168

第五章
让关系在爱中升华

爱自己，是终身浪漫的开始 /173

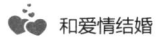

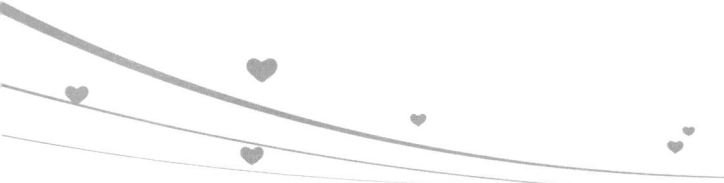

在婚姻中成长 / 180

允许一切如其所是 / 182

家庭中的界限与序位 / 186

与原生家庭和解 / 191

与前任和解 / 193

如何充满爱和尊重地分开 / 196

放过别人,其实是放过自己 / 200

好的婚姻是两座冰山和谐共舞 / 203

结束前回到你的选择 / 211

后记 让心回"家",让爱重生 /213

写在最后 慢就是快,少就是多 /216

附录 婚姻个案实录:重塑婚姻关系 /219

第一章

为什么在爱情面前如此无力

和 爱 情 结 婚

真正的强大,
不是那些套在你身外的光环,
而是有勇气呈现真真实实的你。

真正的强大,
不是我们把自己藏得多深,
而是勇于去探索与面对内心的阴暗面。

真正的强大,
不是我们从来没有眼泪,
而是流着泪还能微笑着坚定前行。

——节选自:维吉尼亚·萨提亚《真正的强大》

关系里留下的伤疤，都是内心世界的映射

兰在6年前离婚了。她是一个非常为他人考虑的女人。离婚后，为了不让父母担心，她把所有的情绪和感受都封存起来，一切伤痛和结果都由自己承担。为了让自己尽快走出婚姻失败的阴影，她开始改变自己，每天吃营养早餐、美容、看书、养生、早睡早起、工作。她变得越来越坚强，也变得更孤独、更没有社交。除了工作，没有其他的娱乐方式，她唯一的喜好就是用看书来解决一切烦恼。她与前夫基本上没有任何联系，除了女儿的生活费，两个人根本无法交谈更多，多说一句话就会吵架。

本以为没有男人也一样可以活得很好、很开心的兰，看起来很好却并不是真的开心。外表是伪装给别人看的，但伪装时间长了就活在了自己的世界里。随着时间推移，她内心也会感到孤独和寂寞。

离婚快两年时，兰交了一个男朋友。相处前，她和对方说了三条规矩：第一，一定要彼此信任；第二，如果没有清理好离婚

和爱情结婚

前的情绪,那么先不要在一起;第三,不可以动手打人。

当时对方回答没问题,可是两人相处一年就以失败告终了。为什么失败?与之前的婚姻有区别的就是有条约在先,兰以为有条约就可以解决问题,就可以不重蹈覆辙,可是一切都像轮回一样发生着。对方会因为没有安全感、缺乏信任而一次次地审问她、查看她的手机微信。每次当她愤怒的时候,对方说因为我爱你,所以才在乎你,才会那么做。一次次的妥协和一次次心软地原谅对方,直到有一次对方在不断逼问后动手打了兰,兰果断提出分手。兰很痛苦,她想:为什么我总是遇到这样的男人?为什么我总遇不到真正爱我的人?到底是为什么?

再后来,兰遇到了现在的男朋友,发现原来的相处模式再次出现,自己变得既渴望爱情和幸福,又害怕面对,已经完全不知道如何去经营一份感情了。她对男人越来越不信任,也不敢再结交异性朋友了。

像兰这样的案例不在少数。当我们在多段关系中反复重现不好的相处模式时,换掉伴侣等于换汤不换药。如果我们不了解自己,就很难了解对方,也就难以对感情中双方的情绪做出恰当的处理,最后就应了这句话:自己是什么样的人就吸引什么样的人。

兰曾经万念俱灰,对未来感到恐惧、迷茫,她形容自己:"只剩下躯壳在外面漂泊,心也不知道去哪儿了。"但是通过咨询,我引导她看见自己从小一直渴望又一直缺失的那份被爱的感受。从小爱的缺失令她在关系中很难表达亲密,甚至无意识地表

现高冷。每当她渴望对方关心的时候都是话中带刺，于是上演了一幕幕相爱相杀。

只有先了解自己，才能看见真相，才能看见别人。当看到真相时，一切问题都会有方法来解决。当我们加深了对自己的了解时，我们对他人的了解也会越来越深。这时，遇到问题就会深入沟通、积极面对，哪怕吵架都会让彼此更相爱、更珍惜。

兰意识到过去的关系给自己留下的伤疤都是自己内心世界的映射，通过提升自我觉察，慢慢地从关系中的受害者变成了关系中的责任者。现在，她不仅会跟男友谈情说爱，还改善了自己跟前夫的关系。她也开始懂得男人需要认可和尊重，她认可他时也得了到他的认可。在孩子面前，她学着夸赞前夫是一个好爸爸，不再将自己对前夫的抱怨转移给孩子，孩子也明显开心了很多！

任何关系，都是自己的一面镜子。当有个人唤起我们的伤痛时，表面看来是他引起了这一痛苦，事实上引起痛苦的是我们内心深处曾经有过痛苦的伤疤，而现在出现的人或事和之前的经历有相似的地方，所以深藏的伤疤被再度揭开。当然，关系中一个巴掌拍不响，每个人内心都有一张独特的地图，关系中的双方一旦可以觉察出各自的投射源，并开始在这段关系中为自己负起责任，成长及疗愈就开始了。于是双方都开始为自己的感情负责，而不会因为感到生气或痛苦，就去责备对方。

当我们学会感恩过去的一切，找回真正的自己时，也就有了拥抱幸福的能力。在寻找幸福的路上，兰是勇敢的，尽管不断失

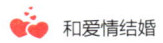

败、不断受挫和迷茫。

我从多年积累的咨询经验里，得出一个关于离异人士重组幸福家庭的经验：离异后不要急着进入第二段感情，草率的婚姻很少美满。给自己一段"空档期"，沉淀总结是非常重要的。然而，这个对大多数的人来说不容易做到。

从兰的亲身经历来看，如果没有从过去总结出宝贵的经验，没有真正解开前一段关系的心结，而是带着过去的负面情绪和填补寂寞的心态进入第二段关系，或者想证明给前任看，那么这段新关系再次失败的概率会很大。

如果你在关系中有伤痛，就会使你与较低意识联结。即使你和对方分开了，伤痛仍然在你的心里。一段令人痛苦、具有破坏性的关系会降低你的意识层次，使你与较低的意识联结，容易做出错误的选择、建立错误的关系，也会给自己带来更大的伤害。

如果你过去的关系没有被疗愈，那么你的根就是不健康的，无论你做什么，都会被拉回冲突的状态。唯有当旧的伤口愈合时，才能开始一段健康的关系。

我曾看到过这样一段话："别人撒盐伤不了你，除非自己身上有溃烂之处。每当你觉得受到伤害，是因为你有伤口，所以只要别人不经意触碰，你就敏感地又叫又跳，要别人为你的伤口负责。试想，如果伤口发炎的是你，却让别人去吃药，你的伤口会好吗？凡事不要归责于他人，而要反省自己。他人只是一面镜子，在照着你自己。"

是的，强大的人，愿意为自己的伤口买单，要为自己的伤口负百分百的责任，这需要很大的勇气。但也唯有这样，你的伤才有被疗愈的机会。

著名演员胡歌说："人很多时候都在惯性中生活，没有办法也没有愿望去真正认识自己。车祸把我撞离了原本的轨道，让我能够以最真实的状态去寻找新的动力和方向。"

当你意识到自己不能再走老路，愿意改变、成长时，终有一天你会明白：伤口是光进入你内心的地方。过去的失败，只是在反馈信息——这样做行不通。

一个人的心若能大难不死，那么他的生命必将灿烂绽放。

探索练习

生活中有没有重复出现的一些伤痛？闭上眼睛，静下心来探索一下，这些伤痛从什么时候开始有？也许你早就把一些痛苦的记忆屏蔽了，没有关系，这是你保护自己的一种方式。继续下面的阅读，回头再看的时候，心门也许就会打开。

 和爱情结婚

看不见的冰山

雾里看花水中望月

你能分辨这变幻莫测的世界

涛走云飞花开花谢

你能把握这摇曳多姿的季节

烦恼最是无情夜

笑语欢颜难道说那就是亲热

温存未必就是体贴

你知哪句是真哪句是假

哪一句是情丝凝结

借我借我一双慧眼吧

让我把这纷扰看得清清楚楚明明白白真真切切

——歌曲《雾里看花》

著名物理学家霍金曾说:"虽然我有物理学博士学位,不过

女人至今对我来说,仍是非常神秘的,而且是一直都没办法解开的谜团。"难道世间只有女人的心最难懂?不,对女人而言,男人的心也一样难懂。

古语云:人生难得一知己,千金难觅一知音。为什么知音难觅?皆因人心难懂。我们所能看到的世界,仅仅是行为的世界,而人的内心世界是如此隐蔽。人与人之间的交流,哪怕是同床共枕的伴侣,也很难做到无话不说,真情流露,特别是我国的家庭在表达真情实感这方面是非常困难的。我们把这种现象称为"述情障碍"。

"述情障碍"是怎么形成的呢?我们小时候,有情绪通常是不被允许的,"不许哭""不许闹情绪",甚至因此而受到惩罚。所以我们讨厌流露情绪,哪怕有情绪也不知道怎么处理,一般情况下会尽可能装作没事。渐渐地,我们便与自己的心分离了,变成了心里有话口难说。比如热恋中的情侣,女生突然生气了,和男生说:你滚!事实上,她的内心是希望"你快点来抱抱我"。我们对孩子也一样,内心是期望子女成材的,但表达出来却是"像你这样长大了准做乞丐""你真是烂泥扶不上墙"。

我们都有过很多莫名其妙的时候:"我也不想这样说,但是忍不住就脱口而出了!我也不知道为什么会这样?"如果我们连自己都搞不懂,我们怎么去懂别人呢?

心理学家荣格有句名言:"向外看,梦游;向内看,觉醒。"觉醒是把眼光从外在转向内在,焦点从行为转到内心世界(内心世界就是一座隐藏的冰山或者叫潜意识),这时我们就会

打开内在的那双慧眼，觉察到在他和我的内心世界里发生了什么，我们的内心都经历了什么。

你可以尝试带着一份好奇，去了解一个未曾触碰的内心世界。你将会发现人们所做的事、说的话、经历的事，都只是一种表面现象，促成这些表象的是那些背后的心理过程。如果你愿意去看，你将叹为观止，因为在人的内心发生了一系列不为人知的心理活动，才有了那样的行为。

比如你想心平气和，但又控制不住发脾气，这就好像有两个声音：想心平气和是你意识的声音，忍不住发脾气就是潜意识（内在冰山）的声音。又比如你喜欢一个女孩，想表白，但又担心对方拒绝或觉得自己配不上对方不敢表白，想要表白是意识，觉得自己配不上是潜意识。

可以说，我们每个人的命运都是由我们的潜意识的冰山决定的。如果我们不了解潜意识，就只能被潜意识牵着鼻子走。我们来看一则伊索寓言：

一天，北风向太阳发出挑战，要和太阳打赌，看谁先脱下路人的衣服，谁就是胜利者。北风施展威力，用力猛吹，但是风越大，路人把衣服裹得越紧，最后北风不得不放弃了。北风请太阳出来看看他的本事，太阳拨云见日，阳光普照，路人感到温暖，便将衣服一件件地脱下来。北风使出浑身解数也没有做到的事，太阳轻而易举就做到了。

改变绝对不是强迫发生的，能强迫的只是表面的行为。如果我们不了解一个人内心的需求和心理活动，只在表面行为上去拼命努力，控制自己不能发脾气，那些所谓的为你好和靠"打鸡血"维持的毅力常常以失败告终。

"野火烧不尽，春风吹又生。"行为就是那生长在地面上的草，怎么烧都没有用，只要根还在，草必重生。因此，执着于改变表面行为是下下策，透过表象看本质，从内在开始做转变才是大智慧。在我们知道一个人潜意识的冰山历程后，我们将会成为"太阳"。在人际互动中，我们就会变得简单很多。

小婷知道好友小月准备离婚，便建议她离婚前找我做个婚姻咨询，就当是给她的婚姻最后一次机会。

小月决定借这个机会和丈夫江好好谈一下孩子的抚养问题。至少说清楚离婚以后，他们各带一个孩子，怎么让孩子感受到父母双方的爱，把对孩子的伤害降到最小。于是，小月夫妻二人出现在我的团体咨询里。

他们疲惫、尴尬、互相看不惯。

第二天，在上完理论部分的讲解课后，小月很积极地站出来争取到做个案咨询的机会。她先分享了理论内容带给自己的触动，觉得自己和丈夫现在才意识到，两个人都活在自己的"有色眼镜"下，并戴着"有色眼镜"审视对方的生活。这种思维和行为使夫妻二人都感觉特别累，而且觉得生活如一潭死水，毫无改变和改善的可能。小月鼓足勇气表达出了自己在婚姻中的痛苦，并希望自己可以摘掉"有色眼镜",看到婚姻痛苦的真相。

我问他俩:准备好了吗?还没说话,小月已经止不住眼泪了,他俩分别点了点头,个案便开始了。

"你小的时候,爸爸妈妈是怎样相处的?"我问小月。

小月说印象中最深的画面就是:"爸爸妈妈争吵着,厮打着……"妈妈的眼泪、爸爸的倔强,都出现在眼前。

我按她所说,请两个人分别扮演她的父母,做出相应的姿势:站立,一手叉腰,一手互相指责。

"看着他们。"我指了指扮演父母的两个人,"和我说说,都发生了什么?"

一个画面,迅速在小月脑子里跳出来:在她还很小的时候。爸爸当时的工作是文秘,每天要写材料,写到很晚。因为小月爱哭,爸爸思路受到干扰就会发脾气。一次,爸爸喝了酒之后,恶狠狠地说要把她从楼上丢下去。他们家住5楼,掉下去,是会死的。从那之后,每次爸爸喝了酒,妈妈都会抱着小月不撒手。因为怕爸爸真的借着酒劲儿把女儿扔下去。小月还是个小孩的时候就已经学会,哭的时候不能哭出声音,要让眼泪顺着脸颊流下来,然后快速擦掉。

我用温和而坚定的眼神看着她,和她对视的那一瞬间,小月的眼泪像决堤的洪水一样,仿佛终于可以放心地哭了。

我看了一眼江。江强忍住的泪水也流下来了,他抱住小月说:"老婆,你真不容易。"小月哭得梨花带雨,在江的肩膀上抽泣着。

我很有感触地说:"这个女孩子,还那么小的时候,就要带着那么强的恐惧感生存。她不知道,自己会不会被爸爸摔死,连真实的情绪都不敢表达。她还那么弱小,就筑起一层层的盔甲,让自己的外表变得强大来保护自己,这是她当时唯一可以生存下去的可靠的武器。你们两个只在一起三年的时间,她怎么能说放下就能放下自己最宝贵的武器呢?"

小月从江的肩膀上抬起头用湿润的眼睛看着我。

"可你有没有发现,你最强大的武器,也正在伤害你最亲密的爱人和家庭?"我带着关切的眼神看着她。

小月若有所思,眼泪再一次流了下来。她说:"刚刚,我的心,砰的一声,脑子里出现了好多江的语言和表情。我很震惊,从没有想过,我竟然在用我习以为常的东西,给了他那么大的伤害,可这一点,我自己并不知道。"这时候她才想起,江说过的话:"你照过镜子吗?你吵架的时候脸都变形了,像个疯子,特别丑。"

"可能真的是我太强势了。"她的眼泪继续哗哗地流。我没有继续追问小月发生了什么,我知道此时的眼泪,意义是不一样的。

我温和地转向江:"你爱她,爱这个家,就给她多一些安全感。她的武器永远都会在身上,但只要家是安全的、温暖的,她就不会拿起武器针对你,而是拿去对付别的人和事儿。这样的话,你的老婆才会在家里温柔,在外面能干。"江转过头看着小月,狠狠地点了点头。

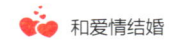

江的原生家庭，让我印象深刻的是，他的妈妈是初中年级组组长，属于很强势的指责型的人。他的爸爸对江却极其宠溺。他的妈妈经常让他不要去做课间操，而是去老师那里背英语；他的爸爸虽然只是一名普通职员，却透支家里的钱，为他买了一台电脑。

江在很小的时候，就在父母宠溺和指责这两个极端状态来回切换中成长。所以，他从小就习惯性地把自己的情绪封闭起来。特别是个人情感的表达，他几乎没有。

小月之所以和他吵架也是这个原因，他真的不懂别人最起码的情绪。两个小孩生病住院，他不是去医院照顾，而是在家里阳台上做烧烤。所以小月觉得他不配做爸爸，才执意要离婚的。甚至女儿都不叫他爸爸，而是向那个接她放学给她买零食的司机叫爸爸。

也正是这件事，成为他们闹离婚的导火索。如果小月能够看到江的原生家庭创伤，对自己的丈夫或许会多一些理解，少一些埋怨。我引导小月去想象江面对父母如此矛盾又频繁的情绪变化，帮助她去理解自己的丈夫为什么如此没有共情能力，为什么如此封闭自我情感、不善表达。因为如果他不封闭自己的情感，就会变成一个彻头彻尾的神经病。一会儿被妈妈骂得狗血淋头、垂头丧气；一会儿又被爸爸宠得得意扬扬、"天下第一"。

我告诉江："你曾经封闭自己，是因为父母极端的教育方式。母亲的强势和掌控让你强烈渴望自由，现在请你认真地看着眼前这个女人，你自己挑选的爱人，她从小就很好强，但她不是你的母亲。"

我再次转向小月:"你可以慢慢地试着走进他的心里。这个男人不是你的父亲,他是你选择的爱人。他不习惯表达情绪,过去他习惯通过打游戏获得自由和放松,你可以给他自由吗?你愿意了解他在想什么吗?你愿意感受他的苦恼吗?你们愿意一起分享内心的快乐和烦恼吗?"此时,两口子的眼睛都亮了。

个案结束后,江和小月这一对原本决心离婚的夫妻摘下了"有色眼镜",化解了心结,也愿意珍惜对方,重新好好相处。

从做完个案到现在两年多了,小月和江几乎没再吵过架,感情稳定,沟通良好。孩子们从原来的不喜欢、不接受爸爸,变成抢着和爸爸玩。

曾经的小月和江,并不知道怎样才能让伴侣和孩子感受到幸福和爱。现在,他们只是比从前多看到了彼此所做的一些事,多理解了对方,幸福就这样扑面而来了。这次疫情,很多夫妻居家,矛盾增加,要离婚,而他俩的关系并没有恶化。江不会抱怨小月不做家务、不做饭,小月不会说江只顾玩游戏不顾家。两个人各自用自己喜欢的节奏生活。

意外的是,每一次小月去做家务,玩游戏的江也会放下游戏走进厨房帮忙。他们之所以都有所改变,是因为他们摘掉了原来那副有色眼镜,真的看见了对方,看到了对方的需要,而不是盲目地想要改变对方,让对方符合自己的期待。当真正用自己喜欢的方式放松下来后,才能做更好的自己。在这个过程中,他们都心照不宣地支持着彼此，才有最后的风雨相依。

探索内心冰山世界的过程，是一门了解自己和他人很重要的学问。我们知道对方的行为和反应背后内心走过了怎样的历程，于是我们就有了理解对方的能力。懂自己，懂对方，婚姻关系就会得到改善。倘若你能懂得周围人的心，那会发生什么变化呢？在第五章我们还会有详细的理论和实践指导。

探索练习

你是否也有"想"和"做"不一致的时候？尝试写下一些身心不一致的情况，随着认知的深入，你会加强对这些情况的觉察。

爱情五大毒药：谁在爱里下了毒

你今生的任务不是去寻找爱，
只是寻找并发现，
你内心构筑起来的，
那些抵挡爱的障碍。

——莫拉维·贾拉鲁丁·鲁米

你是否曾经感叹过：幸福为什么这么难？曾经的相爱何时开始变成了相杀？每段感情在刚开始的时候都很美好。但随着生活一点点稳定、安逸下来之后，我们就会开始想方设法地在某些地方改造对方、调教对方、教导对方。随着越来越多的失望、越来越频繁的冲突，彼此心力交瘁，心门便关得越来越紧。有些话表面上听起来像是爱对方，其实是扼杀关系的慢性毒药。

爱情五大毒药

人生最遗憾的是你认为深爱对方，却无意识地用毒药喂养这段关系。

了解内在一些病毒性信念是如何造成自己的苦难的，从而愿意主动改变这些信念，这个过程会很痛，但结果会很美好。

倘若继续坚持"我就是这样的人"，逃避成长和改变，问题和苦难只会一直持续。

毒药1：坚持要赢——"我是对的。"

"坚持要赢"不知不觉把家庭变成了法庭或者战场，唇枪舌剑之下给彼此带来深深的挫败感。这种挫败感会让彼此之间形成一道深深的鸿沟。当战争结束的时候，我们会发现没有赢家，只会留下很多遗憾。多少人为了坚持"我是对的"而赔尽了一生的幸福。当你一直证明你是对的，你就会找对方是错的证据，来证明你是对的。当你一直想着错误，你的焦点就会在错误上，而这些都会产生负面情绪。

在我的婚姻咨询中，事无大小，小至一句话或一个小习惯，大至花费问题或处理家庭关系的观念等，一旦要论对错，就有可能闹到关系破裂。坚持"我是对的"会让我们掉进一个"双输"的陷阱。

从人性的角度说，每个人活着都希望证明自己是有价值的、被接纳的。所以，争论对错背后的动机仅是为了捍卫自己的自尊。因此当一方在努力证明自己是对的时，已经无意识地把对方放到了"错"的立场，对方的自尊已经受到了伤害。

在争得筋疲力尽的时候，有人会吼出一句："你认个错会死吗？！"无论对方的行为是对是错，这种强势态度，已经严重触发了对方的心理防御机制，为了捍卫自尊心，特别是自尊受过伤害的人，会形成逆反心理，破罐子破摔，誓死反抗。

家庭不是法庭，更不是战场，不能只讲对错，不讲感情，爱人之所以成为爱人，是因为爱人之间可以多谈情少讲理。很多人为了赢，而输了关系。在后面的章节里，我们会了解到如何跳出是非对错的二元对立，拓宽思维蓝图，从而提升接纳能力。

毒药2：改变对方——"我都是为你好。"

一对夫妻找我做咨询，妻子表示丈夫总想改造她，她很痛苦。

丈夫则表示很郁闷，其实自己很爱她。他觉得妻子穿衣的品味太差，为了让她改变形象，丈夫甚至亲自陪她去买衣服，而且买的衣服都是大品牌。丈夫说："我做这一切都是为你好啊！"妻子说，穿上那些不喜欢的衣服，令她浑身不舒服，对她而言，她不在乎品牌，只要舒服就好。

"我都是为你好。"可能是世界上最动听的控制别人的借口。然而真正的爱是放下所有的要求，无条件地接纳这个人。

改变对方的核心动力来自我们内心"完美伴侣"的期待，所以我们会忽略对方真正的需求。

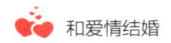

要求对方改变通常会失败，这时候，失望和痛苦也不可避免地袭来。要求对方改变意味着："你不够好。"这样的潜台词同样会贬低对方的自尊，哪怕你的理由再充分再掏心掏肺，也会激发对方的抵触和防卫，让对方表现出抗拒，因此企图改变对方只会招来痛苦和关系的恶化。

一个人不能控制另一个人，也不能改变另一个人，每个人可以改变的只有自己。如果对方有改变，那也不是"被我改变"，那只是对方个人的选择而已。

毒药3：依赖情结——"不能没有你。"

邓丽君的《我只在乎你》是一首大家很熟悉的歌："如果没有遇见你/我将会是在哪里/日子过得怎么样/人生是否要珍惜/也许认识某一人/过着平凡的日子/不知道会不会/也有爱情甜如蜜……"

能收到这样的表白是令人感动的，但往往也会产生被爱的错觉。让我们再看看后面这一段："人生几何能够得到知己/失去生命的力量也不可惜/所以我求求你/别让我离开你/除了你/我不能感到/一丝丝情意/如果有那么一天/你说即将要离去/我会迷失我自己/走入无边人海里/不要什么诺言/只要天天在一起/我不能只依靠/片片回忆活下去……"

歌词完全浓缩了感情依赖者的心声。或许有人会认为这是何等痴情，但是如果不能在一起，这个人就要死要活，而对方要背负他的生死。天天和一个没有灵魂、没有自我的人捆绑在一起，失去自己的空间和自由，显然这不是爱而是情感绑架。寄居蟹式的黏附，必然给对方带来极大的压力，以及喘不过气的窒息。

在一段成熟的关系里，每个人都要有对自己负责任的能力。把自己一生的幸福快乐全部寄托在另一个人身上，这种托付心态非常危险。在一次婚礼上，我看到"岳父大人"牵着"女儿"的手来到新郎面前说："我今天把女儿交托给你，以后你要好好照顾她。"新郎毫不犹豫就说："您放心，我一定会照顾好她的！"新娘露出了幸福的笑容。

当时我打了个寒战，全身起了鸡皮疙瘩。果不其然，四个月之后，这个男生就联系我求救了，这段婚姻已经出现危机。

后来夫妻俩一起做了咨询。妻子说："我只是希望他能多陪陪我。但他工作特别忙，经常到处出差，这令我特别生气，早知这样，我就不结婚了！我觉得他骗了我，当初信誓旦旦地说要让我幸福，但压根儿做不到。"丈夫一脸无奈："我也想陪你，但鱼与熊掌如何兼得？"

妻子把自己的幸福快乐全部寄托在丈夫身上，丈夫需要背负所有的责任，这种依赖已经令关系的天平失去了平衡。面对妻子的依赖，丈夫反而会因为压力逃离家庭，形成反依赖的动力。

关于依赖和反依赖的人格模型，后面的章节还会有更详尽的讲述。

健康的婚姻需要两个心智成熟的人有照顾自己的能力。婚姻中需要彼此付出，但不意味着爱一个人就要百分百为对方负责任。**爱一个人的前提是：在爱我之前，请先学会爱自己。**

毒药4：情绪失控——"你根本就不理解/在乎我！"

情绪是火柴，不值一分钱，但情绪来临的时候，这根火柴却可以烧毁一座价值千万的房子。从相爱走向婚姻，两个人一定为彼此付出了很多，建立了很深的感情基础。但是一旦触发了情绪的开关，可能前面建立的一切都将付诸东流。

很多人说：其实我这个人挺好相处的，我在外面很多朋友，大家对我评价也很高。偏偏对着我的家人，我就是忍不住发脾气。相信这是一个普遍现象：我们把最好的一面给了外人，却把最糟糕的一面给了最亲的人。反过来，如果我们用对待亲人的态度去对待朋友呢？也许一个朋友都没有。

于是有了一个问题：缘何在至亲至爱的人面前，我们最容易情绪失控呢？简单地说，就是我们对家人的期待比外人要高。对最亲最心爱的人，我们都期待对方是最懂自己、最在乎自己、最理解自己的人。

伴侣愤怒、委屈的情绪背后其实在传递着："我骂你是因为我爱你，我在乎你！为什么这都不懂？你根本就不理解我！不在乎我！"我们不妨反过来想想：如果另一半也用这种骂人的方式表达爱，看着对方狰狞的面目，你会感受到这是爱和在乎吗？我们是否应该承认，我骂你不是我爱你，我骂你，是因为我情绪管理不好。

指责不是爱，那是婚姻的杀手。要经营幸福的两性关系，"谈情（情绪）说（表达）爱"是一门必修的学问。

毒药5：抱怨受害——"为什么受伤的总是我？"

面对柴米油盐总有诸多不如意，从相爱到相杀，如果我们不从自身开始找原因，而只是一直抱怨，指责对方的不是或希望对方改变，结果就是成为婚姻里的受害者。

"我无论做什么她都觉得差劲，就一直被她说，不就是觉得我配不上她吗？我受够了！"

"从孩子出生至今，都是我一把屎一把尿地自己带孩子，他从来不主动帮忙，女人为什么结婚生孩子给自己背包袱呢？"

根据过往个案的咨询，夫妻之间抱怨的情况大致是以下几点。

抱怨丈夫的：一是抱怨老公没本事，没有进取心；二是抱怨老公大男子主义，不管家里的事；三是抱怨老公没情趣，像木头人、闷声桶。

抱怨妻子的：一是不会打理家务，孩子带不好；二是唠叨，情绪化；三是没情趣，没有女人味。

如此看来，男人和女人平分秋色。

过去只有"怨妇"一说，却没有"怨夫"这个说法，从这一点看来好像有点儿不公平。但仔细观察，我们会发现女人天性比男人更爱表达，而且情感表达更丰富，这些本来是建立亲密关系很重要的元素，只是一旦方式用错，就变成了抱怨。

抱怨之所以没有好结果，是因为抱怨不但得不到积极的回应，反而得到的是厌倦和互怼，所以积压的委屈和不满越来越多，日子久了，便都写在脸上，成了个"苦"字。

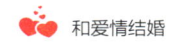

两个人在一起生活，有不如意和不愉快的事情发生都很正常。关键时候男女双方的态度和表达方式是否能让对方接受，心理学上有一个"镜子效应"，简单说就是别人怎么对我，我怎么对别人。

比如妻子对丈夫抱怨说："我做了一天家务，快累死了，你去丢垃圾吧！"丈夫听起来就会觉得很不爽，"是我亏欠你了吗？我也工作了一天啊，你累我不累啊？"但换一种方式说："老公，我需要你帮个忙，你能帮忙把垃圾丢出去吗？我今天有点儿累。"丈夫听到会很乐意，因为妻子带着尊重的请求满足了丈夫的价值感。这就是镜子效应。

在那些不幸的婚姻之中，我们总是把弱势的一方看作受害者。其实事实从不如此，婚姻之内，从无圣人，所有的失败都是双方的失败。婚姻是合作的艺术，没有一个人的错误，只有两个人的失败。做一个受害者得到的仅仅是同情，而做一个自省者可以得到重生。

探索练习

在婚姻关系中，你们是否也在不经意之间互相下了毒？如果存在这种现象，有什么改善的计划？

爱情有伤的三大根源

根源1：对原生家庭盲目忠诚

不可否认，爸爸妈妈/照看者是带领我们认识这个世界的启蒙老师。在我们人生之初，婴幼儿的时候就已经学会了模仿，对父母的模仿，让我们快速适应世界。同时，父母也会把自己看待世界的方式、把自己处理事情的模式传承给我们。

我国台湾的资深心理咨询师赖佩霞曾演讲过这样一段话："如果一个家庭都是警察，出了一个小偷，谁是叛徒？如果一个家庭都是小偷，出了一个警察，谁是叛徒？当你的母亲充满哀伤，你敢快乐吗？很多人说我要幸福！但是请你仔细想想：当你的母亲一辈子都活在哀伤痛苦当中，你敢快乐吗？我的答案是很难，因为这时候我们形同一种背叛，所以我们宁可赔上所有的幸福，也不敢背叛她。"

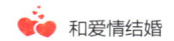

在前文的案例中，表面上是因为丈夫的不负责任而要离婚，而深层的原因是两个原生家庭价值观的冲突。小月忠诚于"妈妈的眼泪，爸爸的倔强"；江则忠诚于"母亲的努力奋斗和父亲的及时行乐"。小月认为幸福就是和丈夫一起陪伴孩子长大；江则认为幸福就是事业成功，及时行乐。

原生家庭潜移默化的力量是惊人的，哪怕我们发过誓，绝对不要成为令人讨厌的样子，但可悲的是，我们也终究在不知不觉当中，成了那个讨厌的人。

我们出生时剪断了脐带，但很多人的心理脐带一生都没有剪断，那就是对原生家庭盲目的忠诚。夫妻双方对各自原生家庭的盲目忠诚也带来了夫妻之间价值观的矛盾。

一对"80后"夫妻感情深厚。妻子婚前出了车祸，导致八级伤残，全身骨折。但婆婆和未婚夫把她接回了家，结了婚。全家对她细心照顾，幸运的是这位妻子在家人悉心的照顾下奇迹般地痊愈了。妻子十分感恩，不断努力回馈这个家庭。她用爱与智慧影响了自卑的丈夫，使原本说话结巴的丈夫变得越来越自信，说话也不再结巴，事业也有了很成功的进展。这对夫妻可谓互相成就，堪称楷模。

但有一天，夫妻俩找我做个案。原因是夫妻二人一起做生意，丈夫觉得妻子穿衣没有品位，一直想改造她，妻子越来越觉得被嫌弃和压抑，自己经常会为此感到委屈因而哭泣。丈夫也抱怨说："我带她出去好像带着大妈一样，我给她买衣服、买包包从来没有见过她兴奋的表情，因此也很有挫败感。"通过深入探讨，我发现矛盾的根源在于两个人的原生家庭在穿衣打扮方面的价值观不同。

丈夫从小在单亲家庭中跟着妈妈长大。妈妈是当地出名的企业家，一直很注重自己的穿衣打扮。儿子从小的衣裤鞋袜都是妈妈陪着买的，妈妈的教导是：**不会打扮会被人看不起**。妻子的爸爸长期在外面打工，妈妈在家带着三个孩子。妈妈长相很好看身材也丰满，但她一直穿着朴素，并教导女儿："**打扮太漂亮会受人欺负，被人说闲话，穿着不能太花枝招展！**"她记忆最深刻的是十几岁的时候，她买了一条很漂亮的裙子，妈妈便追着她一边打一边辱骂，回忆起来依然犹在耳边。

很明显，两个人传承了各自原生家庭的"穿衣文化"，他们的潜意识会觉得："我这样做才安全，否则是不安全的。"这就是我们对家原生家庭盲目的忠诚。

在我们对世界一无所知的时候，是我们的父母或照料者把我们一手拉扯大，所以我们和父母或其他主要照料者有着很深的情感联结。我们的内心深处，对于原生家庭有一份很深的忠诚。不管我们心中对照料者是认可还是否定，是爱还是恨，我们内心深处都无意识地传承了原生家庭的很多习惯。

成家以后，在我们有着各种社会角色和多重家庭角色的时候，潜意识里对原生家庭的忠诚会越来越清晰地体现在生活方式上。虽然这时的我们已经远离父母，独立生活很多年了，但依然无法摆脱父母的影响——我们的情绪管理、沟通方式、教育理念和伴侣相处的模式，以及我们面对矛盾压力的应对方式等，无不显示出原生家庭的印记。这就是为什么，当我们谈婚论嫁，有了伴侣后，去接受伴侣的生活方式，或者让伴侣接受自己的生活方式，是非常需要耐心和时间的原因。

根源2：继承父母情感模式的DNA

心理学家普遍认为，在婚姻中，表面上我们是在与自己的配偶相处，其实是在不断重现与父母的互动模式。

例如，有些伴侣从小就得到父母无微不至的照顾，形成安全的依恋关系，那么在他们的婚姻中也会无微不至地照顾对方。如果另一半也是在爱中长大的，那么他们将延续父母婚姻的幸福模式。虽然偶有口角，却依然能体谅关怀。如果对方自小就不能够形成安全的依恋关系，对关爱表现出回避和恐惧，就会出现亲密关系的矛盾。

与前文提到的孩子对原生家庭的无意识忠诚相比，这种现象更像是一种刻意学习。因为父母是孩子的第一任老师，孩子会从父母那里学习自己在这个世界上生存所需要的一切本领。这也就意味着对缺少充分的主观鉴别力的童年期孩子来说，他们几乎会对父母的所有行为采取无条件认同。当然，认同有正向也有反向。

比如，在小月成长的过程中，父母之间解决矛盾的第一反应就是争吵，那么对小月而言，吵架会成为自身最熟悉的体验（心理学上称为"心锚"，即深刻的印记），所以小月将争吵视为一种"正常"沟通的方式，并在自己的婚姻中让吵架顺理成章地取代了更有效的沟通。这是对父母婚姻模式的正向认同。

江在婚姻出现矛盾时，因为害怕争吵带来的痛苦体验而刻意回避。这是他对父母婚姻模式的一种反向认同。但潜意识依然是与父母婚姻模式相连接的，这也是一种认同。

原生家庭对一个人的影响是潜移默化的。在原生家庭形成的"原生情结"，在成长后会在夫妻相处中不受意识控制地重复出现。从而使很多夫妻在一定程度上"内化"了父母的行为方式，以致婚姻关系中夫妻双方的行为、认知、情绪等也起了连锁反应。

小月和江通过个案清晰地看到了自己的"原生情结"。

小月：我的童年，只要一哭父亲就会打骂我，而母亲则为了保护我和父亲争吵厮打。长大后进入婚姻，我以为我找了一个和父亲不一样的男人，就可以有不一样的生活。没想到，江经常出差在外，回家只顾自得其乐，可以一整天在床上玩游戏。女儿居然认为一个对她好的叔叔是"爸爸"。我无法抑制我的愤怒，当他回家时，我抄起拖鞋就往他的脸上扔，甚至我还准备了电棍……我认为惩罚这个不负责任的男人理所当然。

直到少芬老师在个案中问我"可你有没有发现，你最强大的武器，也正在伤害你最亲密的爱人和家庭？"时，我震惊了，从没有想过，我竟然在用我习以为常的东西，给了他那么大的伤害，可这一点，我自己并不知道。这时候脑子里出现了好多江的语言和表情。江说过我吵架的时候脸都变形了，像个疯子，特别丑。

现在才发现，我已经"内化"了父母的行为方式，复制了母亲对孩子的保护方式，也复制了父亲对我的态度。

江：读书的年代，我一直想摆脱母亲的魔掌，过上自由快乐的生活。当初和小月在一起，是因为觉得她很活泼很有趣，也很聪明能干。我认为和她在一起会很同频。没有孩子之前确实如此，我们都是特能玩的人，享受工作，快乐生活。可是，没想到孩子出生后，我才看到我们观念的巨大差异。我讨厌我妈管我，所以我也不想管孩子，我觉得这是好的。但没想到物极必反。然后她越是骂我，我就越回避。我讨厌这种痛苦的情感体验。但没想到，其实这延续了我对父母争吵的逃避模式。

在小月和江成长的过程中，他们都没有通过父母的关系学会如何去爱一个人，如何去和爱人相处，以及和亲近的人发生矛盾后如何理智地解决问题。他们甚至把原生父母的关系合理化为一种正常的关系。长大以后，他们对爱的边界是模糊的，一直都缺乏安全感，亦不清楚自己在亲密关系中的权利和义务。

但是，并不是所有的问题家庭模式都会被一直复制下去。就像小月和江，可以通过婚姻咨询疗伤。可以说，小时候从原生家庭中带来的伤害，往往只有在自己的亲密关系中得到疗愈。

小月和江说，他们做过个案之后，只要遇到矛盾，他们就会一起"心理分析"。无疑，他们是有智慧和勇敢的。他们敢于剖析自己，直面父母曾经带给自己的创伤。他们甚至会分别去和对方的父母深入聊天，从而更加理解自己的伴侣，并尝试着如何更好地支持伴侣疗愈小时候遗留的伤害。

如果我们曾在原生家庭受过伤，那么通过成长不把自己曾经受到的"伤害"带进新的家庭，便是对爱人与孩子的负责。

根源3：过度自我保护使我们封闭了爱

我们的心有三层结构：最外面一层是保护层，中间一层是创伤，而最深处一层是圆满具足的真我。保护层太厚，是我们绝大多数人的共同问题。保护层太厚，我们触碰不到自己的真我，也触碰不到别人的真我。所以即便我们常常感到孤独，也无法建立真正亲密的关系。因为真正的亲密，是两个真我与真我的相遇。

惯性自我保护模式是每个人在幼小的时候，为了适应家庭的压力环境而自发形成的一种求生存状态。因为我们幼小的时候是无助的，主要靠父母生存。所以为了应对父母，幼小的时候不得不发展出来一种保护自己"安全"的应对方式。在成年后遇到类似的情景时，它就会自动启动，成为随身携带的一种习惯。

人们的自我保护模式有：讨好、对抗、疏离。在不同的环境下，我们会使用不同的方式，但在面对冲突压力时，我们会习惯性地使用最熟悉和最常用的方式。

在亲密关系中，双方启动自我保护模式会演化出以下状态：

依赖共生型： 互相讨好，在对方身上寻求安全感，互相照顾。但当一方因各种原因无法照顾对方的时候，另一方会很焦虑，产生强烈的不安全感，强烈要求对方再回到自己身边。

指责对抗型： 主要表现为互相争吵，吵架已经成为其沟通模式。

依赖疏离型： 一方表面讨好，害怕对方离开自己，因此会用情感绑架；另一方感到窒息，会用逃避的方式寻找自己的独立空间。

对抗疏离型： 主要表现为一方似乎比较强势，不停地指责；另一方退避，不吭声。或者一方觉得婚姻很有问题，另一方觉得没有问题。

互相疏离型： 自己顾自己，互相感情依赖很少，对对方的事情不甚关心。

例如，小月和江就表现为对抗疏离型。小月最熟悉的保护模式是对抗攻击，江的保护模式是逃避，原始的本能如同狮子和羚羊。小月以为像父亲一样用武力就能让江害怕，从而制止对方错误的行为，而江以为逃避就会减少冲突和不愉快，殊不知适得其反。

正如从小月和江的案例中所见，只要双方进入了自我保护状态，爱的流动就终止了。因为关系中的这些互动模式是自动化的，是潜意识驱动行为"忍不住"的反应。

大多数亲密关系从相爱到相杀或分离都没弄明白真相，只能停留在表面现象，归咎为双方"合不来"。

每个人都有惯性的自我保护模式和深层次的心理需求与感受。这种深层次的情感本应是夫妻在谈恋爱的时候就要深入交流的，但可惜很多人没有经历过深入"谈"恋爱的过程就进入婚姻，他们只"交流"浅层次的兴趣和需求。比如：房子、车子、双方的经济、工作等。人们无法交流深层次的情感，一方面是因为从小的教育使彼此不习惯甚至不懂得表达内心的情感；另一方面是因为他们觉得表达内心情感是脆弱的表现，因此避而不谈。这些是每对渴望幸福关系的伴侣接下来的功课。

幸福难不难？难！但那是过去，只要我们愿意改变，幸福可以不难。我们可以通过学习，了解到底是什么在深深地影响我们。只要我们带着觉知，放下对立，就可以牵手幸福，把婚姻经营得越来越好。即便你有过坎坷的童年，即便你离过婚，你也可以通过学习，带着觉知去开启那一扇一扇幸福之门。**能携手到白发、共度一生的美满婚姻，都是彼此用心经营的结果。**

探索练习

花一点儿时间探索你最重要的关系，可以从亲密关系开始。你们各自从原生家庭传承了什么信念、价值观？你自我保护的方法有模式可循吗？你是否在重复相同的模式？你的亲密关系是否传承了父母的模式？

第二章

在感情中的
创伤投射

和　　爱　　情　　结　　婚

有人喜欢你,
那只是喜欢他喜欢的特质。
其实跟你没关系。
你可以淡然面对欢喜,
并做回你自己。

有人讨厌你,
那只是不接纳经由你投射出他自己。
其实跟你没关系。
你可以接纳对方的讨厌,
继续做真正的自己。

有人欣赏你,
那只是透过你碰撞内在的自己。
其实跟你没关系。
你可以坦然面对欣赏,
不会有丝毫的骄傲。

世界上没有无缘无故的
相遇或者离去，
爱或者怨恨，
都只是，
遇见了自己。

——节选自：维吉尼亚·萨提亚《做最好的自己》

梦中情人：理想父母的投射

很多伴侣抱怨对方婚前婚后不一样："感觉自己被骗了。我现在才算看清楚了对方，当初我是沙子入眼了。"哈哈，有没有说出你的心声呢？我经常会半开玩笑说你们没有被骗，只是现在才回到"常态"——正常的状态，因为之前都是"变态"——变成跟平时不一样的状态。

一段关系的推进会经历五个时期：浪漫期、权力争斗期、稳定期、承诺期和共同创造期。试问哪一个进入热恋中（浪漫期）的人没有体验过激情，这种感觉源于体内一系列激素的变化，这是人类的生理规律。多巴胺和血清素是影响爱情最重要的物质，令人处于浪漫的激情状态。在激情状态下，相爱的两个人身体由内而外散发出热情与光芒，处处关心对方，想为对方付出，因此两个人卿卿我我，你侬我侬，朝思暮想。这个阶段让人感觉"人生已经到达了高潮"，把对方投射为自己梦中的白马王子和白雪公主，完全看不清对方的缺点。但这些高涨的激素一般只能维持两年,最长不过四年。接下来爱情则进入最有挑战性的权力争斗期。这个阶段的两个人往往冲突不断,甚至常常愈演愈烈。

爱情浪漫期与权力争斗期为什么会有这样的反差呢?是因为双方爱的是自己的梦中情人,而不是在自己面前的这个人。浪漫期在激素的驱动下双方都很在乎彼此,并为了吸引对方而尽力展示自己最好的一面,从而满足双方爱的心理需求,但从"变态"回到"常态"时,才发现对方不是自己的"梦中情人"。

心理学家弗洛伊德说,成年人的一生都在寻觅童年的情感和体验。童年的情感主要是指童年的亲情和童年对父母的依恋之情,尤其是童年对异性父母的依恋情感是构成日后爱情婚姻的基础。

明月在事业上是位非常杰出的女性,但在婚姻中却碰得头破血流。在前两段婚姻里,她投入了所有的爱,换来的却是伴侣的出轨。在第三段婚姻里,她认为自己已经很用心地在呵护这段关系,生怕出错,但这段关系依然很糟糕,丈夫已经多次提出离婚,明月发现自己抑郁了。

丈夫杰说,妻子太小气了,只要他和别的女性聊得欢一点儿,太太就会很不高兴,因此自己也会有所顾忌。他发现自己在这段婚姻里很不快乐,自己在事业上也算是个有成就的人,却没有得到妻子的欣赏。跟她出去,别人总是赞叹太太的才华,而自己只是"明月的丈夫"。

我让他们画出自己的原生家庭图，用形容词写下小时候对爸爸妈妈的印象。

杰写下："妈妈：聪明，能干，负责任，抱怨；爸爸：老实，付出，话不多，能力不够。"

明月写下："爸爸：有才华，帅，能力强，暴躁，花心，不负责任；妈妈：委屈，善良，付出，任劳任怨。"

然后我问他们："小时候你更喜欢爸爸还是妈妈？"杰说两个都喜欢，虽然爸爸能力不如妈妈，但是觉得妈妈有时太强了，所以觉得爸爸也不容易；明月说心里一直很恨父亲，因为他很花心，对家里不负责任，她从小看到妈妈太劳累，长大一点点就会主动帮妈妈分担家务。

我把话题一转，说：请你们写出心中理想的另一半是什么样的？

杰：善解人意，善良，体贴，有能力，顾家。

明月：不能太帅，老实，专一，爱我，有能力。

大家仔细分析会有什么发现呢？你会很震惊地发现每个人都是以爸爸妈妈的婚姻为参照——他们潜意识里会希望伴侣对于自己父母的优点加以传承，不好的地方加以改进。这就形成了我们长大以后婚姻的投影源，什么意思呢？在明月眼里，父亲不值一提，是个负心汉的形象，长大以后见到跟父亲的特质有点儿像的人会有什么反应呢？接近还是保持距离？有句话是"一朝被蛇咬，十年怕草绳"，明月的内心对父亲的形象是恨的，这是她的投射源，所以见到有才华、长得帅一点儿的男人无意识会排斥或保持距离，这种无意识的反应就是投射。心理学家马斯洛这样形容投射：对于只有一把锤子的人来说，他遇到的每样东西看起来都像一颗钉子。

苏东坡年轻时与佛印一起坐禅。苏东坡说："大师，你看我坐在这里像什么？"佛印说："看来像一尊佛。"苏东坡讥笑着说："但我看你倒像一堆大便！"佛印微微一笑。回家后，苏东坡把这件事告诉了苏小妹。苏小妹听完说："因为自己是佛，看别人也会像佛；若自己是大便，看别人也会像大便。"

我们的生活是一面镜子，每个人都是我们自己思想的投射。我爱的人、我不爱的人，都反映了我自己的思想。你看到什么，说明你内心有什么。这就是投射。

经过后面层层剖析，明月和杰都有如梦初醒的感觉。明月感慨地说："怪不得我看见他跟异性，特别是漂亮的异性接触时，我就会愤怒，我现在也知道为什么会无意识压制我丈夫的才华，原来父亲对我影响这么深，虽然我有意识地不找帅的男人，但我依然把父亲带给我的影响投射给我的爱人。过去我认为是我母亲没有能力才会被父亲欺负，所以我一直努力提升自己的能力，我以为这样就可以不再重复父母不幸的婚姻，没想到我内心的剧本一直在左右着我。"

杰说："我也才发现我不知不觉中把她投射成我母亲了，我

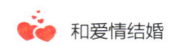

把母亲和父亲之间的不公平的感觉带进了我的婚姻，所以一直希望我的能力和付出能被她看见和欣赏。"

在大量的婚姻个案里，我真切看到每个人心中白马王子或白雪公主的形象都是在原生家庭父母的特质和互动方式的模板下做的修改标准。爱之所以变得那么难，是因为我们爱的并不是眼前人，而是我们的"梦中情人"，我们自己定义的好妻子或好丈夫，只是理想父母的投射。潜意识里要么是想重温与父母的高度亲密，要么是想填补儿时与父母关系的匮乏。而"梦中情人"就是"理想父母"的完形。

什么是完形？简单说就是愿望的满足。弗洛伊德有一句名言：人生有两大悲剧，一个是没有得到你心爱的东西，另一个是得到了你心爱的东西。人生有两大快乐，一个是没有得到你心爱的东西，于是可以寻求和创造；另一个是得到了你心爱的东西，于是可以去品味和体验。

《港囧》是一部很经典的电影。徐峥扮演的男主角有一个"未完成的心愿"：大学时每次想与初恋接吻都被打断。直到婚后再遇初恋，那股未被完形的动力便强烈地推动他完成与初恋"一个完整的吻"的心愿。历经各种"囧事"，男主角最后终于有机会可以如愿，可是尽管初恋没有反抗，他却没有吻下去，因为他猛然发现自己内心爱的是现在的妻子。

法国作家弗朗索瓦·拉伯雷把完形的动力总结得很到位：

"越是禁止的，人们越想去尝试；越是得不到的，人们越是想去拥有。"

探索练习

你理想的父母是什么样子的？

现实中父母在你心中又是什么样子的？

你内心希望在伴侣身上获得哪些满足？

你是否把理想父母的标准投射到伴侣的身上？

痛苦和伤害：源于错误的期待

人们带着对另一半的信任和期待，怀揣着一幅五彩缤纷、幸福美好的图画走进了婚姻，信任和期待是推动大家结合的重要动力。然而，关系中的痛苦和伤害正源于错误的期待。所以，理性看待伴侣间彼此的期待有助于婚姻的和谐与幸福。因为没有期待的人生是平淡乏味的，然而过高的期待又无法享受当下，幸福反而被焦虑带走。

伴侣间的冲突往往是缘于现实与期待出现比较大的差距。当期待实现时，我们就高兴；当期待没有实现时，我们就会产生挫败、愤怒、难过、焦虑等情绪，而且落差越大，失望就越大，关系因此变得紧绷，甚至会说出这些话：

"和你结婚是我最后悔的决定！"

"你怎么可以这样？！"

"你要对我负责！"……

一旦期望对方对你负责任，你就已经失去了自己的力量，以爱之名对其五花大绑，实施"抓取、掌控"。要对方如你所愿，也就有了控制和要求。只要有控制和要求，关系就会变成战场，爱也会走远。

因为当对方没有如你期望的那样为你承担，或者你持续地为对方承担而没有得到期望的回报，关系的冲突就产生了。

如果你在关系中渴望被爱、被认可、被关注、被呵护等，那么你的关系始于期待。期待是关系中随时可能引爆的炸弹。当关系中彼此的期待没有得到满足，愤怒、委屈、悲伤、恐惧等情绪就会产生，如果失去觉察，这些情绪就会对关系造成破坏。

如果你感到烦恼或痛苦，一定是有的人、有的事、有的地方不尽如你的意，或者你想用自己的方式改变他们没有"得逞"。而且，你坚持得越久，痛苦就越深。你用以往的方式，只会重复以往的结果。

最初双方投射彼此的期待，不被满足后，接下来投射的就是彼此的挫败。一对"90后"夫妻找我咨询，丈夫抱怨妻子情绪暴躁，经常出去玩，在家时间太少，对孩子没有耐心，陪伴不够；妻子抱怨丈夫太软弱，动不动就离家出走，木讷、呆板、不懂风情浪漫。

我分别问他俩，婚前看上对方些什么，为什么要和对方结婚。男方说：她是校花啊！而且是学霸，能力又强。读书时自己学习不是很好，因此会自卑，能娶到她，自己觉得很高兴。女生说：他长得帅啊！而且人很善良，很会哄我开心，到现在也很善良，这一点我不否认。当时觉得他人很好，一定会爱我的，所以就嫁给他啊!

我让他们分别在纸上写上自己心中理想伴侣的特质,他们分别写了一串。我说:如果只能保留最重要的三个特质,需要删去其他的,你们会做什么决定?

做这个决定对他们来说是困难的,因为他们要面对内心理想伴侣的执念。他们要意识到没有谁一出生就是为自己准备好的,**很多时候我们都是在修剪别人,让对方符合我们自己的期待,却从来没有修剪过自己的期待。**

佛陀精辟地总结了人生修炼的方向:勤修戒定慧,熄灭贪嗔痴。"贪嗔痴慢疑"被称为人生五毒,它们毒害一个人的心灵。"贪"不仅是物质上的贪婪,还有精神上的贪婪,就是对自己和他人的期待过多。一旦期待过多过高,无法满足,而内心依然执着于这份期待,就有了嗔恨之心,抱怨对方,自己也感到挫败,这就是佛陀称的"愚痴"的状态:大家的眼光只停留在没有满足的期待上,演变成爱恨情仇的故事,但却拒绝去看到自己的"贪"。因为放下期待着实不易,需要内心的成长。也许在内心上演一场又一场兵荒马乱的痛苦之后,痛定思痛,知止而后有定,定静而后生慧,看穿关系中愚痴的游戏,为自己做出智慧的选择,一念之转,化烦恼为菩提。没有不能终结的痛苦,只有死不放手的执着,守本真心,本来如是。

有一个经典的故事,一对银发夫妻相爱到老,有人问老婆婆:"你丈夫有缺点吗?""有!多得就像天上的星星!""那他优点多吗？""少得像天上的太阳。""那你为什么那么爱他？""因为太阳一出来，星星就不见了！"

　　小故事，却是大智慧。当初相爱的时候，你看中的就是对方的某些特质让你欣赏、心动，所以才决定牵手走进婚姻。但面对琐碎的生活，我们却产生越来越多的要求和期待，理所当然要对方满足自己的期待，以此作为爱的筹码，以至于相爱相杀，那就只能终日生活在漫天星星的黑夜里。只有让太阳出来，光明才会来临，我们才能与幸福相拥。

　　突破亲密关系的困境，终是要回到自己，看到自己是完整圆满的，才能看到对方亦完整圆满。

　　高期待往往源于小时候太多没有满足的心理需求，于是把对父母的需求投射到伴侣身上，希望对方为自己的幸福快乐负责。心理学称之为"补洞"。这种投射现象会对人对事产生扭曲的认知和判断。所以，放下期待索取的终极解决之道就是看到我本是圆满具足的，不需要对方满足自己，我能照顾好自己，我就是圆满独立自由的存在。

探索练习

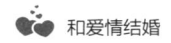

小时候你有哪些没有被满足的期待?

你有多少美好的愿望想实现还没有实现?你如何面对这些遗憾?

你有为实现哪些愿望而努力?

又有哪些心愿因为努力争取得以实现?因此你产生了什么信念?

以上这些对你的婚恋观带来什么影响?

成熟的心智：只是爱，没有期待

在你没有学会爱自己且不懂得什么是爱之前，都不会遇见真实的爱情。你遇见的都是爱的匮乏和心理需要，与爱情无关。

我们越想得到的时候，往往会愈加控制。心理治疗师海灵格说："幸福的家庭，都有一个共同点，家里没有控制欲很强的人。"中国的家庭，90%以上的家庭矛盾，都是因为没有边界感，想控制对方而起的。在关系中，无论是要对方对自己负责，还是持续为对方负责，都是越界的。

真相是，没有一个生命能够为另一个生命负责。

完形治疗之父波尔斯说过："我来到这个世界，不是来满足他人的期望的，也不觉得这个世界必须要满足我的期望。"

佛陀在乞食时被一个人辱骂，佛陀在旁边不动声色听他骂，等他骂完后，佛陀就对他说："如果你送一个人礼物，但是对方对这个礼物不喜欢，你会怎么做呢？"那个人回答："当然是拿回来了。"佛陀又问:"那这个礼物属于谁的呢?"那人说:"既然我拿回来,那肯定是我的。"于是佛陀就说:"今天你送给我的礼物,我没有接受。我把你的礼物还给你。"

　　成熟的心智知道要为自己的行为、情绪及期待负责任。反之,让别人为自己负责是不成熟的表现。同样,我们也没必要背负太多不属于自己的包袱,守住界限,交还那些来自别人的期待。

　　但现实中,面对别人的情绪,很多人会被卷入。真相是:**情绪发生在谁身上就属于谁**。如果是我体验到了痛苦、愤怒、悲伤,那**情绪就属于我而不属于别人,所以负责的也只能是自己,着手去改变的也只能是自己**。

　　"对你的爱没有期待,我爱你与你无关",如果你对别人好是为了得到回馈,那么不管你怎么努力经营,关系迟早会出问题。如果你只是爱,没有期待,那么一切就会美妙无比。

探索练习

探索开篇的问题,你的关系里面包含了哪些期待?

你对自己有哪些期待?

你对对方有哪些期待?

对方对你又有哪些期待呢?

你是否愿意对属于自己的情绪及期待负起责任?

病毒信念：制造出情感病毒

是什么让我们不幸福？是我们对世界的定义。

是什么让我们给世界下定义？是我们的信念。

是什么创造了我们的信念？是我们成长过程中所经历的一切带给我们的信息。

我们和伴侣的关系是一面镜子的关系。我们所思所想的种子正在成为我们未来的"果实"。不要小看我们的每个念头和语言，它们都会创造我们的未来。

当我们能真正意识到现实是由自己创造的，我们就会为现实负起百分百的责任，不会抱怨别人。当我们内在拥有宁静美好的状态时，我们将发现生活也是宁静美好的。如果你坚持相信自己是不够好的、很笨、内心孤独又没有人爱，那么，你的生活就会出现孤独无依的状态——因为你已经把自己藏起来很久了，太阳自然无法照到你。

患了乳腺癌的小雅找我做个案。她一直陷入自己的世界里喋喋不休地哭诉:"我的丈夫长不大,每天回家就对着电脑玩游戏,我要把饭端到他的面前,他连吃饭都要对着电脑,我太累了,但是没办法?我不做不行啊……"这个剧本听起来是挺苦的。

我连问了她几遍:这是真的吗?你确定这是真的吗?

她丝毫没有暂停过思维,只会继续喋喋不休地加以证明:"是真的。你不知道,连我生病了也要做饭,没办法啊,不做不行啊……"

我听出她有很多委屈,而且声音就像个小孩。我便好奇地问她:"我听到你有很多委屈和无奈。你从什么时候开始有委屈的?小时候有委屈吗?"

她眼圈一红:"小时候妈妈很不喜欢我,经常打我,家务都是我做,但她还是不满意,还是要打我……甚至有时还一脚把我踢开……"她几度哭泣,但很快又收住了。

我问她:"妈妈打你的时候,你哭吗?"

"我不敢哭,哭了她会打得更凶。家里其他人也不会帮我。"

"所以你是怎么想的?"

"没办法,只有这样。妈妈不爱我……"她委屈地重复着这句话。

我说:"所以,你会觉得自己是个好女儿吗?"

她一边哭一边摇头。

我们不难看出，小雅的童年经历形成了一些核心信念：我不够好。我不能表达自己的情绪。我不配别人来爱我。我没有办法，我不得不讨好别人。

确实，我们从年幼时的经历中学习着如何看待自己，如何看待生活，不经意间形成了我们的信念和价值观。这些信念深藏在潜意识里面，令人难以觉察，它们像呼吸一样，影响着我们每天的生活。很多时候，我们会误解信念就是事实。就像这位女士，她认为没办法，认定不做不行，因为她不做就会被打的印记实在太深了。

我们人类有三个很有破坏性的限制性信念——做不到！没办法！我不配！我们或多或少、或深或浅会有这些病毒性信念。

1. 做不到（无助）——别人做得到，我做不到，找借口和理由逃避；

2. 没办法（无望）——不相信有人可以做到，找借口和理由放弃；

3. 我不配（无价值）——不值得拥有、无资格，依赖外界给自己评价，而不是自我认同，价值体系并不属于自己，担心失去更多。

小雅的无助感、无望感和无价值感像病毒一般深入骨髓，导致她总是担心丈夫嫌弃她，担心丈夫看到她不够好，她用多年的压抑和受苦来保护自己千疮百孔的自尊。我们在之后的对话中还发现，她的潜意识其实是希望通过自己生病来获得家人的关注和爱，只要妈妈能改变对她的态度，丈夫能关爱她，她死也值了。

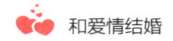

幸运的是，她最后终于醒悟：如果连自己都不爱自己，别人也无法爱她，要别人爱，首先要学会自己爱自己。

所以，每个困境的背后都有一个限制性信念在起作用！这对于很多人而言是一个震惊的发现。因为一些儿时的深刻信念让我们信以为真，我们无法放过自己，不断以他人的眼光看我们自己，并演绎着"自欺欺人被人欺"的故事：它可能会发生在分手或离婚的时候；它可能会发生在当你觉得自己做错事的时候；它也可能发生在有人对你出言不逊，让你感到被冒犯的时候；又或者看到你的爱人对某人的关注胜过对你的时候；它也可能会发生在你喜欢的人没有跟你打招呼的时候。当你越在意别人对你的"尊重"时，留意你内在的安全感和自我价值是高还是低？

这种"自我怀疑——证明做不好——彻底否定自己"的恶性循环怪圈会一次次地重演，让你甚至连面对好机会和幸福都害怕。这是普遍存在的现象，它或多或少地影响每个人。

觉察一下，你的人生当中是不是也有一些这样的信念在影响着你？

有一位非常精进的朋友曾这样分享自己的发现：

在日常生活的关系中，我内在的爱（无条件的爱）出不来，无法感知到内在真正的平静，原因是我一直就是想让自己变得更有用。

似乎让自己变得更有用，对我来说是最重要的。我其实是害怕自己不帮助他人，我就会觉得自己没用。而当我觉得自己没用的时候，我就很抓狂，所以我必须要让自己变得更有用，所以一直就封闭自己的心。

我不停地精进、努力、忙忙碌碌地行动。但我好像整个生命被锁住了。如果没有得到有用的回馈，没有得到别人的欣赏、鼓励、赞叹，我就会觉得自己没用。

所以我的爱也是有条件的，我爱的底层，也是充满着焦虑、恐惧、惶恐。我似乎本末倒置了：我一直认为"有用要比有爱更重要"，其实不然，"有爱比有用更重要"。

对这位朋友而言，这是一个巨大的发现。因为当潜意识里没有那个"我没有用"的病毒信念的负担，他就不会被他人的言行所影响。他可以告诉自己"既然发生，那面对就是了"，或者"那很正常"，又或者"那反映了一些他们自身的情况，而不是我的"。

探索练习

在关系里是否有无助、无望、无价值（不配得）的病毒信念在限制你呢？尝试去找到更多的可能性。这将有助于提升你的觉察力和松动旧有的病毒性信念。

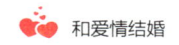

完美主义：追求完美=追求完蛋

当我真正开始爱自己，
我才认识到，所有的痛苦和情感的折磨，
都只是提醒我：活着，不要违背自己的本心。
今天我明白了，这叫作"真实"。
当我真正开始爱自己，
我才懂得，把自己的愿望强加于人，
是多么的无礼。
就算我知道，时机并不成熟，
那人也还没有做好准备，
就算那个人就是我自己。
今天我明白了，这叫作"尊重"。
…… ……

当我开始真正爱自己，

> 我不再继续沉溺于过去，
> 也不再为明天而忧虑，
> 现在我只活在一切正在发生的当下。
> 今天，我活在此时此地，
> 如此日复一日，这就叫"完美"。
>
> ——查理·卓别林

有一则印度寓言：有一个爱民如子的国王，他觉得人一生中最重要的事情是有一张好床睡个好觉。于是他打算用大量的黄金，打造一张黄金床，床上要镶满名贵珠宝。这张床如此珍贵，所以国王要确立一个合乎全国人民尺寸的标准长度，以便可以轮番犒劳他的臣民。于是大臣们量了全国所有成年人的身高，再除以全国成年人口的总数，得到了全国成年人口身高的平均值。按照这个平均值，国王打造了这张床。

每天晚上，国王一定要请一名大臣或百姓睡这张名贵的床。如果他太高，躺不下，国王就会让一个刀斧手量量这个人的身高，然后用斧头砍去多余的长度，好让他能刚好躺在床上。假如躺下的人身高不够，国王也会叫出两个大力士，一个人拉住他的肩膀，另一个人拉住他的双脚，用力向外拉，将这个人刚好拉到这张床的长度。一定要让躺在床上的人符合床的长度。因此，全国臣民闻风丧胆，纷纷逃离这个国家。而国王也因此百思不得其解，终日郁郁寡欢。

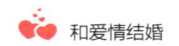

看到这里，你会用什么词形容这位国王呢？

可能大家会说：太残忍了！暴君！自以为是！不可理喻！神经病！……

完美主义者心中都有一张如此珍贵而又标准的床。你是否会以自己心中"黄金床"的标准要求和改造自己的伴侣？

如果是，那我们对这国王的感觉和形容，都可以加在自己身上。

心理学家荣格说："对于普通人来说，一生最重要的功课就是，学会接受不完美的自己。"追求完美的完美主义者身上都有很多"应该"的完美哲学。我经常半开玩笑地对我的学生说，追求完美是一种病，因为追求完美的结果就是追求完蛋。

我们小时候，大人对我们的批评和评判让我们形成了"我比别人差"的概念，完美主义者深层的动机是在努力证明自己"我要比别人好"。一旦出现问题，他们马上就会被焦虑带走，那个"我比别人差"的自责的声音又在作祟。试想一下，你的心本身就因为别人的言行受到了伤害，然而你还要再继续让自己"比"下去，等于让自己承受了双倍的伤害。

当我们总是期待比别人好的时候，这个"比"就变成两把匕首，一把伤害自己，另一把伤害别人。在这个世界上，没有人是完美的。每个人都是独一无二的个体，在这个世界上都扮演着独特的角色。试想一下，如果世界上每个人都很相似，那该多乏味啊？

其实，你和我都曾经犯过错，如果我们还在惩罚自己，那惩罚将成为习惯，让我们不能释放，也不能找到积极的解决办法。

有这样一种现象：丈夫在外面有了外遇，年龄比妻子大，长相也比妻子丑，能力、学历也不如妻子。妻子不明白为什么丈夫愿意和这样的人在一起？也有不少父母有这样的懊恼：我这么努力。这么付出，可为什么我的孩子却如此叛逆，甚至拒绝和我说话呢？

完美主义者最难接受的真相是：自己的完美哲学把挚爱的人推开。因为当焦点只落在"完美"上的时候，我们的搜索引擎就很容易落在那些"不顺眼"或"做得不够好"的地方，继续证明"不够好"，想想伴侣该有多挫败。完美主义者有着世界上最多的标准、最高的标准，这些标准形成了一个个的"应该"和"必须"，他们过分的严肃和疲惫不堪让人无法靠近。

《傅雷家书》里有一段傅雷和傅聪聊婚姻关系的话："幻想多了未免不切实际，能干的管家太太又觉得俗气，只有长处没有短处的人在哪儿呢？世界上究竟有没有十全十美的人或事物呢？抚躬自问，自己又完美到什么程度呢？"

追求完美让我们无法活在当下，无法看到伴侣真正的样子，更无法欣赏和感恩当下我们所拥有的一切。所以追求完美者，会用非常苛刻的态度去评判和要求自己和身边的人。追求完美的人，往往他身边的人也会很遭罪，那种苛刻会令他们窒息，令他们想摆脱，希望去呼吸一口新鲜的空气。

曾经读过这么一句话：你不可能经由一个没有喜悦的旅程，而达到一个喜悦的终点。不管此刻在人世间，你追求的是什么，希望你能记住这句话：在过程中保持喜悦的心。如此，你心所向往的东西，就会毫不费力地来到你的生命中。

对完美主义者最好的一服药，可能是幽默和宽恕。承认不完美是完美人生的一部分，完美的人生从当下不完美的人性开始。在不完美的逆境中活出完美的人生。逆境是成长心智的炼金石。正如泰国的禅修大师阿姜查所说：如果没有痛哭过许多次，修炼就还没有真正地开始。

越是自身条件不错的人，越是憧憬并追求完美的爱情。有些人为追求真爱不惜赔上巨大的代价，比如美好的年华或半生奋斗得来的江山。或许，在某些人看来，这是执迷不悟，但对他们而言，爱情绝对是苛刻的，而不是凑合的，更不是随便的。

但谈恋爱如孩子学步，要求一个人没有跌倒过就会走路那显然是不可能的。一个人一生中最宝贵的经历是在错误中成长。对完美主义者来说，放下完美的执念，允许自己适当地冒险和尝试是最重要的功课。

探索练习

你是完美主义者吗？检查一下，你在关系里有多少"应该"或"必须"的限制性规条？如果有，请写下几句说得频率最多的话并从第三者的角度感受一下。

自我中心主义：改造对方，成就不出幸福的婚姻

　　一段幸福的婚姻里，彼此是可以呼吸自由空气的。所以，除了必要的底线和界限外，我们可以把令人窒息的"应该"变成有一点点自由的"可以"。你可以试试把下面例子中的"应该"换成"可以/愿意"，从接收者的角度感觉有什么不同？

　　"你应该早点儿来接我！"

　　"情人节应该送花给我！"

　　"你应该说话客气点儿！"

　　我们会发现，当我们听到有人向我们发出"你应该……"的命令时（对，这是一个命令式的句子），我们会本能地产生抵触，因为里面包含了要求和指责的成分，一个人无法控制另外一个人，除非对方心甘情愿地改变。

　　你也可以尝试把"应该""要求"变成带着尊重的"你可以/愿意……吗？"，比如："你可以/愿意早点儿来接我吗？"这会给对方留出更多的空间和更加弹性的选择余地，因此大大增加了

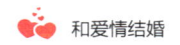

表达者的亲和力。亲和力是有效沟通的前提。抗拒是亲和力缺乏的信号。

同样，我们在选择伴侣的时候，"他应该像谁谁一样……"会严重限制我们的选择，也会令接收者感到挫败和自卑。生活告诉我们，人无完人，感情也一样，世上并没有完美的爱情。两性关系是为了让生命更完整，而非更完美。

想一想，你希望理想的伴侣身上都有哪些特质？然后，做删减法，保留哪几点是你非要不可的特质，其余的部分你是否愿意接纳？如果愿意，告诉对方"你这样是可以的"。你可以用这一种方法，寻找那个拥有这些特质但不完美的人，然后去欣赏他拥有的美好特质，接受彼此的不完美，让彼此变得更完整。

有一位老人对一对新婚的年轻人说："要知道，你们是两个独立的个体，你们是两个不同的人，都有缺点，偶尔做错点儿事非常正常，如果你们都非常完美，没有摩擦，婚姻就有可能在波澜不惊中死亡。"

感情的经历里，除了获得爱和被爱的体验外，还有一个重要的意义是透过摩擦发现未知的自己，不断完善自我。摩擦中，用一只眼睛看对方就够了，另一只眼睛多看看自己。透过伴侣认识自己、完善自己，我们才能开始接受和拥抱完整的自己，在这个人性完整的基础上，我们才会无条件接纳不完美的完整的伴侣。所以这是一个非常喜悦的成长旅程。

真正成熟的男人和女人都会为自己负起所有的责任，同时愿意信任和支持对方生命的成长，爱不忘其缺，恼不忘其善，在不完美中体验完整的人生。

探索练习

尝试把上一节写的话变成带着尊重的"你可以/愿意……吗?"。读一读,是否更有亲和感?

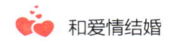

性冷淡：本质上是性压抑

在中国的集体潜意识里，性代表羞耻，在很多家庭里是一个禁忌的话题。中国的男孩和女孩在成长的过程中都严重缺乏来自家庭的性教育，所以，性被蒙上了神秘、羞耻、肮脏的色彩。

2014年的一项调查，约有4.9%的已婚男性和6.5%的已婚女性在过去一年中没有发生过任何性行为。人们越来越多地谈论它，根据谷歌搜索的统计，"无性婚姻"已经成为人们对婚姻的首要抱怨，每个月都有21,000人在搜索无性婚姻，搜索量远远超过了"不开心的婚姻"和"无爱婚姻"。一年做爱次数不超10次的便可定义为"无性婚姻"。2009年，中国人民大学性社会学研究所潘绥铭教授的调查显示，中国夫妻中，无性婚姻占比25%。

最常见的无性婚姻的原因：丈夫是"直男癌"，妻子是"直女癌"，没有前戏，没有后戏，更没有交流，男人直奔主题，女人却羞于启齿，双方就像是国标舞的舞伴，跳了十几年，还会互相踩脚。

我也见过个别特别恩爱的夫妻，他们是无性婚姻。他们在关系开始的时候，就已经有了"无性体质"了，他们双方都没有做爱的兴趣。性在他们的关系中，没那么重要，而其他方面都相处得很和谐。他们会拥抱，会亲吻彼此的脸和额头，会彻夜长谈，无论走到哪里都像连体人一样手牵手。这样的婚姻，往往是超稳定型的，在朋友圈里，算是神仙眷侣。

在别的夫妻们为生孩子、性、学区房争论不休的时候，他们可以享受安静的二人世界，或者就算他们生了孩子，也只是履行社会的义务。

而性生活出现问题的关系里，往往会看到一个"滥情"的丈夫，一个像"石女"一样的妻子，或者相反：一个对性刺激有强烈渴望的女人，一个"木头"一样的男人。他们一方欲望过度旺盛，一方欲望过度淡薄。

本质上两者都是性压抑。所谓性压抑，就是我们不能接受自己的欲望。就像是孩子不接受父母管教，会有两种表现：一是被驯服了，乖乖听话，但代价是失去了自我；另一种就是叛逆，处处作对，但代价也是失去自我。

一个人在性方面过度回避和过度的索求无度，其实都是在防御真正的亲密感。真正的亲密感发生在人和人之间。而性压抑则忽略人性的情感需求，要么把自己不当人看，要么把对方不当人看。有些男人从婚前就开始出轨，他的情感中从来就没有过专一这个词。有些女人身边总是有很多暧昧对象，她总是不能有一个清晰的关系。

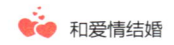

他们的内心永远有一个地下室，不对任何人开放。

很多夫妻找我咨询，就是因为双方在性生活方面无论如何都无法和谐。他们都渴望真正的性爱生活，可就是力不从心，仿佛命运和他们作对一样，别人轻易享受的性体验，对他们来说却比登天还难。他们仿佛是永远无法配合好的舞伴。

性问题永远不是性问题，而是心理上的阴影被投射到了性上。如果阴影投射到事业上，就会出现事业的问题；如果投射到孩子身上，就会出现亲子问题；如果投射在性方面，性就是一个无解之谜。

解决性的问题，有两个选择：

1）逃避转移；

2）面对转化。

大多数人遇到问题都会毫不犹豫选择第一种方式，只有在无路可走的时候，才会使用第二种。

什么叫逃避转移？

比如夫妻结婚十年，妻子会说，我有妇科疾病，没法做爱；或者说现在要忙着带孩子，我去孩子房间睡；丈夫会说，现在太累，我身体也没以前那么好了，我们就免了这个"活动"。

听起来是不是很合理？

我们大多数的时间都用于自欺欺人，只有这样，我们才能在大部分时间里，觉得自己活得还可以。直到病入膏肓。

晴晴长得很漂亮，虽然已经是两个孩子的妈妈，但身材依然很好。然而，她在性方面表现很冷淡，丈夫为此感到很失望。当婚姻亮起红灯后，她来找我做了咨询。

通过了解，晴晴从小是外婆带大的，上小学的时候，被带回父母家。对她来说，这是一个非常大的分离创伤，虽然她有父母，但对父母却没有什么情感，她不得不一个人面对所有的痛苦。她只能假装一切痛苦不存在，假装自己是个开心、懂事的孩子。为了活下去，她关闭了"依恋世界"的大门。

刚刚结婚的时候，丈夫可以给她依恋感，但自从有了孩子，不知不觉就忽略了丈夫，因为对她来说，孩子更能满足她回归到依恋世界的需求。

她可以把自己的孩子当成自己来爱，看到孩子眼中的满足，她童年的痛苦可以被疗愈。所以在晴晴心中，性不是最重要的，疗愈童年的依恋创伤才是最重要的。直到突然有一天，丈夫提出离婚，她才开始重视。

很多女人生完孩子后就把注意力全部放在孩子身上，在她们眼中，丈夫就像空气一样。最常见的原因是，因为童年留下的"坑洞"，她们在走进婚姻时还不是一个真正成熟的女人。这些女人内心都有一个完形的渴望，那就是把自己没过完的童年重新完美地过一遍。

晴晴的无性婚姻缘于依恋的创伤，而小玉却是缘于欲望的创伤。在小玉的家庭中，唯一能谈得上爱她的人就是她的父亲。可

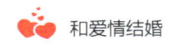

是父亲在母亲眼里却是一个花花公子,一个渣男。对父亲,她爱恨纠结,如果和父亲在一起,她就背叛了母亲;如果和母亲在一起,她就失去了人生最重要的爱。所以,她的人生一直生活在自相矛盾之中,因为她被卡在中间,于是她找到的男人也是如此,就像是她的父亲那样,充满了欲望,但却不能彼此满足。

如果遭遇这两种伤害,就很难在性方面真正地满足和享受。但是,改变这种情况是有可能的。当真正准备好的时候,做一个深度的个案咨询疗愈,因为真正解决问题的方式,就是把光照到你那黑暗的地下室里,那里有着你生命所有的缺失,所有需要回归的一切。

探索练习

你是否曾和伴侣交流过性体验?如果没有,那你是否愿意尝试着做一些突破?另外,倘若有性冷淡的现象,不要逃避,勇敢地去面对——探索和突破。

第三章

冲突背后的真相：冲突不是问题，应对方式才是问题

当我开始真正爱自己,
我明白,我的思虑让我变得贫乏和病态,
但当我唤起了心灵的力量,
理智就变成了一个重要的伙伴。
这种组合我称之为"心的智慧"。

我们无须再害怕自己和他人的分歧,
矛盾和问题,因为即使星星有时也会碰在一起,
形成新的世界。
今天我明白,这就是"生命"!

——查理·卓别林

正如前文所说，一段亲密关系的发展，大致会经历五个阶段：浪漫期、权力争斗期、稳定期、承诺期和共同创造期。只有经历这些阶段，才有可能会修成正果。显然最具挑战的就是权力争斗期，分歧、矛盾、争吵甚至冷战，各种各样的冲突给婚姻蒙上阴影，困扰着很多家庭，一不小心就会使关系破裂。

美国一家做婚姻治疗的机构，五年跟踪一千对夫妻做了一份调查报告，重点总结了两点：如果夫妻要幸福地白头偕老，就需要培养出处理冲突的能力和发展出友情。

下面我们就来探究一下冲突背后的真相，使冲突成为我们了解彼此、增进感情的机会，而不是破坏感情的方式。

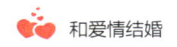

表面"都挺好",实则缺乏情感联结

"和"是中国社会和家庭的核心价值观,所以冲突对于绝大多数家庭来说,是一个大忌。加上中国人讲究面子,所以有着家丑不可外扬的传统文化。《都挺好》这部电视剧就是最深刻的反映。所以中国式的婚姻,普遍都是能忍就忍,很多人把双方忍耐理解为"和谐"的唯一手段,哪怕相敬如"冰",也总比冲突要好。其实大家如此压抑的原因是不知道该怎么处理冲突,担心越冲突越糟糕,关系就会一发不可收拾。

2016年,小艾因为孩子教育的问题来学习课程。她最开始一直坚信自己的原生家庭"都挺好"的,因为父母很少有冲突,虽然家境不算富裕,难免会有生活压力,但自己从不觉得父母给自己的爱欠缺或者匮乏,比起那些充满争吵的家庭,她觉得自己是一个幸运的人。可是婚姻生活并不如意。她觉得自己的婚姻缺少爱和温度,丈夫和自己都偏理性,夫妻关系与别人相比较为冷淡。这次她来上课，并没有进一步深入咨询的诉求，课后也没再找过我。

"冷婚姻"不是一朝形成的，出现冷淡其实表明婚姻已经病入膏肓。这种"冷婚姻"的本质在于夫妻双方在相处中自我屏蔽或压抑了很多情绪，导致两个人无法走进彼此的内心。美国著名婚恋心理学家约翰·戈特曼发现，夫妻之间发生冲突的时候，双方有可能都以负面的形式进行互动。戈特曼把这些负面的互动方式称为四大杀手，按出现的顺序分别为：指责、轻蔑、防卫、冷淡。这些负面因素一旦失控，对夫妻关系造成毁灭性打击。

如果夫妻间的争论以指责开始，继而指责和轻蔑使争论出现防卫，最后一方宣布退出争论，这意味着第四号"杀手"已经出现。正常情况下，两个人交谈是有回应的，比如点头、目光联结、语言回应等。但冷淡的一方是没有任何回应的，就算听到，也是一副漠不关心的样子。冷淡是一种回避，避免正面冲突，同时也就等于逃避了自己的婚姻，变成一个冷淡的人。

2019年，小艾的婚姻面临破裂，工作和家庭的压力令她身心疲惫，身体处于严重的亚健康状态。她再次来到我这里寻求帮助。我给她安排了深度的个案辅导。

在辅导中逐渐发现，小艾意识上坚信自己在有爱的环境中长大，而她的潜意识却告诉我：她一直存在爱的缺失。她讲述了自己的一段早期记忆："我小时候很活泼，也很爱哭。因为弟弟

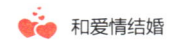

是违反计划生育政策的超生孩子，我经常被带到不熟悉的地方去住，这时候因为要离开妈妈，我就会大哭。每次妈妈都会说'哭什么哭，有什么好哭的'，我就努力忍住。"

这个记忆可以捕捉到小艾所形成的信念：哭是不好的，是妈妈不喜欢的。这样的早期信念导致她在成长中努力压抑自己的情绪，让自己成为一个"不爱哭""不能动情绪"的人。

她还提到自己的另一段早期记忆："我记得小时候自己很小就学会了烧菜做饭，每天拖地打扫屋子，学习也比哥哥弟弟要好，但是妈妈从没有夸过我，甚至还会打击我。每当这时候，我都希望爸爸可以保护我，可是爸爸身体不好、经常喝酒，他从不会为我出头。"

小时候的小艾很渴望母亲看见自己的努力，看见自己的价值，却一直没有得到回应，而且父亲的软弱也给予不了自己想要的保护。这导致她一直渴望父母的爱，却一直被辜负。她的记忆中搜索不到父母很亲密的画面，也找不到自己在父母面前撒过娇的画面。我让她回忆家庭中发生过的大冲突，她说：我们家聚在一起的时候，会有一种各管各的感觉，所以也回想不起有大的冲突。

个案中，小艾原生家庭的每个代表距离都很远，她回想当初自己不开心的时候，她会半个月不说话，家人也不会注意到她不开心。

这就是这个家庭的问题所在：表面"都挺好"，实则缺乏情感联结。每个人活得都很压抑，心的距离很远。这也就是为什么小艾说自己不开心的时候可以半个月不说话。因为她的家人和她都活成了一座座孤岛。

一个人在原生家庭里的互动方式，会影响到他长大后与人的沟通能力，特别是亲密关系里的沟通能力。不是表面的打招呼，而是内心情感的联结。小艾在情感沟通方面的缺失使她无法很轻松地与同样压抑的丈夫相处。想要解决她的压抑情绪，根源还是要打开她潜意识的心结。在个案咨询的过程中，我引导她去把自己对父母的怨恨和委屈表达出来。

她对母亲的代表说：我希望你更温柔一些。你不要再否认我了！为什么要一直这样否认？为什么？你为什么一直否认我？我已经够乖了，我做了那么多的事情，为什么就不能夸夸我？你不夸我也不至于这样打击我。委屈的眼泪唰唰地从她眼里流了下来。

然后泪眼蒙眬地转头看着爸爸的代表：喝酒对身体不好，你为什么老是喝酒？如果你身体好一些，起码你可以保护我，这样我也不会那么无助。

小艾这种原生家庭"相敬如冰"的模式虽然看似没有冲突，但事实上是暗潮涌动。自己从小就没学会用正确的方式来面对冲突，导致自己进入婚姻时，还是一个含着奶嘴、不懂如何处理情绪的孩子。

余秋雨写的《你不懂我，我不怪你》相信看哭了无数人：

每个人都有一个死角，

自己走不出来，别人也闯不进去。

我把最深沉的秘密放在那里。

你不懂我，我不怪你。

每个人都有一道伤口，

或深或浅，盖上布，以为不存在。

我把最殷红的鲜血涂在那里。

你不懂我，我不怪你。

每个人都有一场爱恋，

用心、用情、用力，感动也感伤。

我把最炙热的心情藏在那里。

你不懂我，我不怪你。

每个人都有一行眼泪，

喝下冰冷的水，酝酿成的热泪。

我把最心酸的委屈汇在那里。

你不懂我，我不怪你。

每个人都有一段告白，

忐忑、不安，却饱含真心和勇气。

我把最抒情的语言用在那里。

你不懂我，我不怪你。

这首诗读来孤单、痛苦、无奈又悲凉。"一路走来，你不曾懂我，我亦不曾怪你。"

长期缺乏内心真实的交流而失去了爱的流动，如同一个外表好看的苹果，切开里面可能已经是又黑又烂，发现的时候已经随手可弃了。

探索练习

你是怎么看待冲突的？冲突中有出现"指责、轻蔑、防卫、冷淡"这些伤害吗？你们有多久没有很走心地交流过了？

压抑的"老好人",丧失面对冲突的能力

著名作家阿瑟·黑利说的一段话发人深思:"假如有一对夫妻告诉我,他们结婚多年从未有过冲突,那是他们在说假话,要么他们的婚后生活极度单调乏味,或者其中一方完全受另一方的摆布。"

习惯性压抑的"老好人",冲突对他们来说,需要很大的勇气。甚至有些人已经**习惯了用压抑获得安全感,从而丧失了与人冲突的能力**,除非他们退让到忍无可忍的底线,才会歇斯底里地爆发。

要探索自己在情感上的迟钝、不够敏锐,一般有两个基本的根源:第一是恐惧,第二是因为生存而压抑自己的脆弱。如果我们曾经经历过重大惊吓,将感觉压抑了下来,将会很难再去联结感觉。我一直认为,人脆弱的时候是可以允许自己哭,不被尊重的时候是可以生气的。但对于一些人来说,情绪仿佛被冻结。

有一个印象特别深刻的个案，案主是一位中年男性。第一次和他见面，印象最深的就是他拘谨的笑容和说话时如鲠在喉令人难受的感觉。他的妻子是一位性格开朗、做事爽快的职业女性。妻子抱怨丈夫虽然在家什么都干，但就是不懂沟通。当妻子想和他沟通问题时，他还是沉默是金，不予回应，让妻子无奈而抓狂。

后来，通过了解，这个男人很小便肩负起照顾卧病在床的母亲，父亲在家很少说话而且在外已经有了另外的女人。作为孩子的他，情感没有得到满足，面对生活只能默默忍受。慢慢地，这种压抑变成了习惯。经过深入探索，他发现自己表面是隐忍的一方，但却会无意识地使用被动攻击，如拖延、冷漠、无故遗忘等，直至最后把对方激怒。

这是一个重要的发现。因为压抑的人内心都很善良，当他知道原来这样隐忍的后果是破坏关系的时候，他才会有转变的可能。

我邀请他把过去多年藏在心里的对妻子的抱怨和愤怒统统表达出来，过程中他多次想放弃，但在我反复鼓励下，他终于把心里压抑的情绪表达出来。结束后，他整张脸都舒展开了，并充满了生命力。

不为难别人，也不委屈自己，我们都有能力做到。那些没有被直接表达出来的情绪，会转化为"隐形攻击"。然而，要让压抑已成习惯的人表达情绪实在是"太难了"！他们人生最大的问题，就是每个委屈的瞬间，都很难理直气壮地说出来！如同一个人被锁在囚笼里很久，哪怕打开囚笼，他依然觉得自己是不自由的。如果我们有了压抑的习惯，我们很难在不需要压抑的时候收放自如。

探索练习

面对冲突，你有压抑自己吗？如果有，你是否打算做一些调整或突破？下面的内容将会带给你一些沟通方法，更好地突破沟通的障碍。

忽视问题本质，造就"追逐—逃避"的恶性循环

我们每个人在亲密关系中都会有一种习惯性的、自动化的行为模式或沟通方式。回忆一下你和伴侣之间最近一次发生争吵/矛盾的时候，你说了什么，使用了一种怎样的沟通态度？有没有哪句话是你在发生冲突矛盾的时候最常说的？有没有哪种表述是你在和闺密/兄弟吐槽抱怨的时候最常使用的？那句话，并不一定代表对方亟待改正的问题，反过来，有可能恰恰表明了你在亲密关系的冲突中自己真实的反应。

"你想怎样告诉我，我都可以改，我委屈一点儿没什么，只要我们之间好好的……"——压抑的老好人

"我都是为了你好，你怎么就不能听我的，按照我说的做呢！"——企图掌握控制的指责

"事情总有对错，我们还是就事论事，不要总说不相干的事情。"——无视情绪感受的超级理智

"哎呀，以后再说吧，别想了，有新电影上映了，我们逛街

去吧！"——自作聪明式的打岔转移话题

我们以为这样可以缓解紧张的关系。

关系亲密的时候通常是美好的、安全的、幸福的，所以在我们的内心深处会期待这段关系能够稳定而持久。因此，当我们和亲密的伴侣发生矛盾的时候，都会产生挫折感，感到焦虑和压力，不自觉地希望矛盾快点儿解决。这种尽快结束冲突的自动化反应与我们应对日常生活问题的理性是大脑中的两条路径，甚至比理性路径更快地出现在大脑中。因此，很多在工作和学习中游刃有余的人，在处理亲密关系中的矛盾的时候，依旧显得笨拙、无措，陷入自动化的不理性的反应中，忽视了矛盾与问题的本质。

可能很多人看到这里会疑惑，其实我和伴侣之间的冲突矛盾本来都是生活中的小事和琐事呀，比如孩子的教育、家务的分配，有时甚至都称不上矛盾，只是拌嘴，比如今天的衣服配饰是不是适合，拖鞋的位置放得对不对，忘记纪念日感到委屈，等等。这些小事本就无关紧要，退一步忍一下就过去了。所以为了赶时间，大声呵斥发泄一下，或者自己默默做了免得耽误时间，或者用吃饭逛街转移一下注意力，岂不是避免矛盾激化的好方法。

然而，我们做出上述行为选择的时候，我们的伴侣看到的只是掌控局面和逃避问题的身影，并且在冲突情绪激动时无法察觉到我们行为背后的原因，他们的情绪无处安放，问题也没有解决，于是会继续追上来。这个时候的局面往往是冲突叠加，压力剧增，为了尽快缓解和脱离当前的焦虑情境，大多数人又一次选择躲避……结果就是两个人你追我躲，陷入"追逐—逃避"的循环之中。

我们都生活在环境和关系中，所以每个人的行为都离不开三个要素：自己、他人和环境。当人们在沟通的同时关注了自己的感受、他人的感受和当下所处的环境，这种沟通才是有效的，也是最舒畅、效率最高的。

但是现实中，由于惯有的沟通方式，或害怕冲突恶化，人们往往会忽略三个因素：

忽略自己的感受，将他人的感受和环境放在首位，会出现迁就、讨好的行为；

忽略他人的感受和环境，将自己放在首位，就会固执己见、无礼和控制；

忽略自己和他人的感受，只把环境放在首位，那么在沟通的时候只分析道理和事情的对错，会显得冷漠。

还有一种沟通习惯，人们会无视三个因素，呈现一种游离打岔的状态。

在你和伴侣发生争吵的时候，你是否有意无意地改变紧张的话题，总想避重就轻，觉得不要把事情想得那么严重，经常说：

我也没什么想法，我也不知道如何做；

别想那么多了，我们去吃东西吧；

我不说了不管了，你说吧，都由你做主！

或者根本不对视，手里在玩着游戏/做着家务/躺着坐着不动，心思总是飞到别处。或者对话的时候习惯东拉西扯，不想/不愿/不知道怎样表达自己的情绪和感受，也意识不到对方此时的情绪变化，在对方情绪激动的时候会故意讲个笑话，转移话题。面对对方指责自己时，回应却词不达意，没有重点，做什么都一副满不在乎的样子。这就是忽视了自己和他人的感受，无视环境的游离打岔状态，也就是"逃避"。

可能会有人觉得，当伴侣十分生气正在发脾气的时候，讲个笑话或者转移话题哄一哄，是一个很聪明的技巧，是幽默特质，并不是逃避。采取这种方式能够避免争吵，毕竟两个人相处，还是要和和气气最好，争吵的时候，讲道理的时候，难免某句话会伤到对方，而且大多数伴侣之间的争吵是没有对错的，也无法分辨对和错，所以也争不出什么结果，不如干脆离开这个问题，转移一下，至于自己的想法和对方的想法，其实不重要，反正赢了也没有奖品，反正关系还要继续。这样的方式不仅保护自己，也保护了对方，有时候也委婉地表达了不为难彼此，不想追究责任，以及委婉的拒绝。

尽管这个想法和初衷看上去颇具策略，但是实际的情况却并不乐观。毕竟这其中的想法是很难传递给对方的。如果你一直采取这个策略，那么一定要让你的伴侣知道这个策略背后的含义，这样或许可以让他理解你并称赞你。然而现实中，大多引来的结果是对方更强烈的不满。因为即使某次话题转移很成功，但是问题却依旧存在，双方的情绪没有得到有效的转化，日积月累，小纠纷将变成大问题。小纠纷尚且找不到合适的解决法，何况大问题，最后反而引来更大的矛盾和更多理不清的纠结。

尽管逃避是一种自动化的沟通方式，随着不同的压力情境自动使用，但是也可以尝试使用一些新的策略调整自己。在亲密关系的沟通中，具体的表述可以拆分成三个部分：

1. 认可对方对于这件事情的情绪感受：这件事情让你很难过/你需要安慰/这对于你来说是很重要的决定，你很忐忑。

2. 清晰表达自己的情绪感受：如果我是你也会很难过/我并不擅长安慰，所以现在不知要做些什么/我不能现在回应你，是因为我也在犹豫。

3. 将注意力放在当前的环境：放下手中正在忙的事情，对视，将转移的话题再转回来。

换言之，和他在一起，不仅仅是空间层面的，更重要的是感受层面的联结和共情。

曾经在一次咨询中，与来访者分享如何使用这样的方法改变"追逐—逃避"的沟通模式。当事人疑惑道：我在生活中是不可能这样说话的呀！其实这恰恰反映出很多人在情感表达上存在着表达情感的障碍：讲道理或者硬话脱口而出，但在触及内心感受时却如鲠在喉。

很多处于关系困扰中的人通过阅读书籍或进行咨询都收效甚微，就是因为这样的感受——有道理，但是我不可能这样做。其实改变的核心不在于"方法"，在于"用心"：是否能放下盔甲，和柔软的心在一起。这看似是改变沟通的方式，实际上是修炼内心的过程。

诚然，改变不是一件容易的事。但如果不迈出这一步，就无法打破原来"追逐—逃避"的怪圈，大家的心永远无法联结在一起。而这个调整策略的核心就是让我们重新关注被忽略的沟通系统：自己、他人和环境。用心去体会自己的情绪、对方的感受，以及认同这件事情在当前环境中的重要性。

这件事情并不容易。因为逃避的沟通行为背后隐藏了这样的内心独白：这里根本没有我说话的机会，没有人在意我，打断和转移话题才能得到别人的注意。采取这种沟通方式时的内心是敏感的、孤单的、害怕失去控制的。所以，采取什么样的话术并不重要，重要的是愿意去觉察对方的想法，愿意让对方来感受自己真实的想法。

逃避只是一种行为姿态，背后还有更深层次的内心世界。采取逃避或打岔的方式，只是不知道如何获取对方的关爱和认同，干脆放弃，但是**不代表不愿不想不需要，反而代表更需要**。只要感受到关爱和认同，这种方式就会打破。所以可以尝试展露自己需要关爱的渴望，或尝试给予对方关爱和认同。这可以从一件小事开始，当你用吃饭或者玩笑成功转移了话题，那么给自己一个缓冲的时间，告诉自己：一天内或者三天内一定要主动和对方聊一聊这件事，不可以默认这件事已经结束。当你沉默、词不达意、不想继续交流的时候，告诉自己和对方：现在的时机不对，我们换个时间继续。当你们再次陷入矛盾而你想要离开的时候，尝试询问对方的情绪是什么，表达对对方情绪的关心。

当你能够尝试换一种沟通的方式，对方也会随之改变他的方

式。应对方式是自动的，却不是固定唯一的。每个人都会根据不同的沟通情境和对象，不自觉地转变沟通方式，但是面对长期稳定的亲密关系，一旦某种方式让我们尝到了压力缓解的甜头，这种方式就可能成为这段关系中的首选。同样地，对方也会出现与之相对应的一种方式。这时，一方改变，对方也会随之改变。

最后，如果那个逃避的人是你的伴侣，上述方法同样适用。如果他开始逃避，请你主动告诉他：这件事确实棘手，你要是没有准备好，我们明天下班之后再聊。这个时间一定要具体，不要用"下次"，否则就被对方逃避成功了。如果他根本不愿加入话题，那么就加入他当前关注的事情，展示出：我很想听到你的想法，你是重要的，我愿意等你准备好了再沟通这件事。这个过程需要我们有充足的耐心等待那个"准备好"的时间。

不知何时，流行了这样一句自嘲式的口号：逃避虽然可耻但是有用。这句话的重点并不是"逃避"，而是"有用"。现在我们发现逃避的真相是暂时"有效"，但却无法维持一段长久的关系，无法在一段关系中获得真正的快乐，无法感受对方的爱，那么，请改变这种方式。

探索练习

你和你的伴侣在冲突中时是"指责/讨好/超理智/打岔"中的哪一种自动反应模式？尝试用本节中的方法写下一段内心的感受独白。读一读，是否有一种柔软的爱在流动？

借助情感勒索，实施强烈的控制欲

在亲密关系的冲突中，不论选择哪一种应对方式，在内心深处都隐藏了一份委屈和期待。

压抑的老好人——我已经这样放低自己了，你什么时候能够看到我的付出？我说的没关系并不是真的没关系，其实我很在意。

无视情绪感受的超级理智——你认同了我说的道理就是认同了我，你怎么就是不听道理，怎么就是看不到我的价值呢！

自作聪明式的打岔转移话题——我不知道怎么获得你的关注和认同，干脆做出一副无所谓的样子，你什么时候能够发现我、看见我、关注我呢！

企图掌控的指责——我这都是为了你好，你怎么就不能按照我说的做呢！每次骂你，我都很懊恼的，你难道不知道吗？

这几种委屈中，采取指责沟通方式时，所受的委屈最容易被忽略。通常我们会把委屈、讨好和让步联系在一起，那些咄咄逼人的方式，由于过于激烈而掩盖了其中的委屈。在冲突中采取指责沟通姿态的人，通常会用力地释放自己的情绪，声音很大、动作很大，喊叫着：你怎么这都做不好！都是你的错！一副强势的样子。同样，这几种委屈中，也是采取指责方式沟通时，所受委屈最容易表达出来。因为指责的话语中永远会有一句：我都是为了你好！回应方式不论是讲道理、嘻笑躲开、指责回去，都会引发更强硬的指责甚至人身攻击，导致冲突升级。只有当对方屈服、讨好、听从的时候，指责才会结束。因此，指责离不开控制，只是这种控制穿上了浓烈的情感外衣。指责的时候，人们只关注了自己的感受，却忽略了他人的感受和环境，认为只有自己是对的。对方若顺从自己，则证明了自己的正确，同时也证明了自己的价值。虽然这看上去独裁、苛刻、总是在批评和下命令，但是内心深处的自我价值感是很低的。

"这都是为了你好"，几乎所有人都曾经听到过这样的话，或许来自长辈、来自好朋友、来自领导、来自爱人……不论对方是谁，其中隐含的意思都是："所以，按照我说的做。"结果却是各种形式的反抗。在生活中，这句话往往将亲密关系推向另一端。因为这句话在传递"你不对，你没有经验，你做得不够好，你错了……"这样的贬低自尊的信息。所以，借助情感外衣实现控制的模式，越来越像是一场绑架：如果你不接受这种好，你就是无情无义。

上述是压力状态下产生的控制反应，而亲密关系中的控制，不只是一种压力状态下的反应，同时也是亲密关系发展历程中不可或缺的阶段，它几乎存在于亲密关系五个阶段的每个阶段。在权力争斗期，因为控制能够带来对关系的掌控感，从而获得安全感。这个阶段是五个阶段中控制表现最强烈的时候，关系最容易受到破坏。如果在权力争夺期，亲密关系的双方依旧保持对彼此的兴趣和好奇心，理解彼此的控制和防卫，就会进入稳定期。这个阶段比较和谐，求同存异，即使意见不同也很少争吵。此时关系继续，将进入承诺期，这时双方并不是就争夺期的要求或稳定期的差异做出承诺，而是尊重彼此的所有选择，向对方和自己同时做出承诺。进入最后一个阶段，亲密关系的双方更加真诚，理解彼此的力量和不足，认同彼此的愿望和梦想，不论遇到任何问题都选择合作创造共同利益。在五个阶段中，权力争夺期往往会导致关系的破坏，很多亲密关系在控制的博弈中宣告结束。尽管如此，这个阶段无法避免，也并非全是危机，还将激发很多内在的力量。很多人在亲密关系中积累的经验往往也离不开这个阶段。

不论是压力状态下自动化出现的控制姿态，还是亲密关系发展中的控制阶段，共同点都离不开安全感。借助情感勒索，通过指责的形式，目标是实现自己强烈的控制欲。让他人按照某种方式发生改变，在这个方面，似乎心理咨询师更有一套。心理咨询师采取的方法很简单：倾听、共情和无条件的积极关注。这些能力可以通过后天学习、训练得到提升。

倾听。听是一个很简单的动作，也是一个很难做到的动作。因为在听的过程中，人们常常不自觉地做出一些同意或不同意、正确或不正确、接受或不接受的判断。在听到对方的某句话或某个词的时候，因为已经做出了判断而打断后面的叙述。即使听完了对方的全部叙述，也会根据自己的想法、经验衡量对方，或是给出建议和忠告。这将导致只是做出了听的样子，却没有完成倾听。而且，大多数情况下，人们很难察觉到自己"未听"的表现。例如，当你的伴侣说"我辞职了"，你会如何回应？第一个念头是同意还是不同意？觉得这个举动是否明智？会不会告诉他怎样安排离职期间的工作？这些回应的念头都可以套上一个"我为了你好"的句子。这些念头都带有情感勒索的意味，都包含了强烈的控制欲，都属于"未听"。因为，你没有听到这句话的情绪是轻松还是惋惜，没听到这句话后边关于原因和过程的下文。既能听到话语的表面意思，也能听到话语中隐藏的情绪和诉求，就是咨询过程中常使用的深度倾听。做到深度倾听需要一段时间的专业学习，不过在生活中可以通过练习体验一下。在对方描述的过程中认真倾听，只微笑点头，示意鼓励对方继续。

共情。体会并理解对方的感受，不论对方的感受是否符合常理，是否符合自己的经验，都不做任何评判。共情不是和对方保持相同的反应，而是理解对方的反应。同样是在雪地里摔倒，有的人会觉得就是地滑导致的意外，所以哈哈大笑并不在意；有的人会觉得作为成人这么狼狈实在丢人，所以很不好意思赶紧起身，低头走开；有的人会觉得是自己太倒霉，所以开始抱怨运气不好，十分委屈。如果这个摔倒的人是你的伴侣，这三种反应你能接受哪一种？如果能接受任何反应，并表示理解，尽管你会有一种和他并不相同的感受，那么你做到了共情。如果你对某些反应不甚理解，甚至不能接受，那么请尝试在和他相处的时候，让自己进入对方的内心世界，好好体会一下对方的立场。

需要注意的是，共情既要有结合情绪的能力，体会对方的情感，又要抽离情绪，不至于陷入对方的情绪而失去自我。

无条件的积极关注。完全的接纳。每个人都不是完美的，都有优缺点，都有你喜欢的特质和讨厌的特质。不论他表现出怎样的状态，都秉持接纳的态度，不进行评判，不提出要求。比如指责的时候，认定了只有自己是正确的，对方是错误的，只有当对方按照自己的要求去做，才认为对方是合格的伴侣，这就是有条件的接纳。例如，我们修图的时候，会在很多细节做修改，这里再暗一些，这里再圆一些，这里颜色替换一下，因为在我们的心中有一个关于美图的评判标准，不符合就要一直修改，这就是控制和条件式关注。只有放下评判，完全接纳伴侣的时候，才能建立起更亲密的关系，才能在这段关系中有欣喜的发现。

尽管咨询的目标并不是改变，而是更好地了解自我和探索自我，但是经过咨询之后，很多当事人发生了变化。这个变化的方向并不是由咨询师决定的，而是在咨询的过程中，通过帮助当事人厘清自己的成长意愿和目标，由当事人自己决定的。倾听、共情和无条件的积极关注并不是咨询师的全部技巧，却是咨询师最常使用的方法，几乎适用于所有的当事人。同样地，对于亲密关系中的控制行为也有一定的启发。如果期待对方能做出一些改变，不如尝试一下咨询师的沟通方法。

事实上，生活中的经验不只是获得具体的行为方式，更重要的是了解行为背后的深层渴望。渴望被认同，渴望符合自己的设想。很多人对他人的控制带着情感的伪装，殊不知这个世界上我们可以控制的，只有自己的想法和行为。

探索练习

在沟通中有意识地练习倾听、共情和无条件的积极关注，去觉察自己哪些部分需要提升。

转化习惯性压抑，做真实的自己

英国喜剧大师卓别林在12岁的时候，父亲酗酒去世，母亲患上精神病被送进精神病院，卓别林兄弟俩成了孤儿被送进孤儿学校，后来又成了流浪儿。他一生经历了种种不幸，造成了压抑的个性，后来患上严重的抑郁症。觉醒后的他于70岁的时候写下了《当我真正开始爱自己》这首诗：

当我真正开始爱自己，
我才认识到，所有的痛苦和情感的折磨，
都只是提醒我：活着，不要违背自己的本心。
今天我明白了，这叫作"真实"。

转化习惯性压抑，我们可以使用一致性沟通的艺术。一致性沟通的五个重要环节是：觉察、承认、接受、行动、欣赏并感谢。首先，觉察自己的身体反应和情绪变化。当冲突或矛盾事件发生时，我们首先会在情绪和身体两个方面做出最直接的反应。**承认**这个情绪的存在，而不是归咎于他人，告诉自己我可以为自己的情绪反应负责。无论这个反应是理性的还是非理性的、是成熟的还是幼稚的，都**接受**。然后尝试做出一些**行动**让情绪平缓下来，注意并不是改变这时的情绪，只是降低情绪的激烈程度。无论做出的行动是否达到期待的效果，都对自己经历的这个过程表示**欣赏**。

例如，伴侣没有报备竟然半夜醉醺醺地回到家，以往的解决方法可能是指责式地大骂一顿，或者讨好式地自我安慰，认为这都是为了我们俩，等到酒醒之后，说明喝酒有害健康并且约法三章，又或者顺其自然不管不问。这些方式中都蕴含了一种委屈，属于不一致性的沟通。按照一致性的沟通方式，先察觉一下自己看到这个情境时的心理变化和情绪反应，然后承认它——现在的我很生气/很心疼，再接受它——我可以生气/可以心疼，做出一些行为缓解这种情绪，尝试深呼吸或者拥抱一下。无论自己做了什么，都在心里感谢一下自己。

所谓一致性的沟通，就是和自己在一起，意识到自己的重要性。**我们和他人一样重要**，所有的情绪和感受不需要隐藏，也不需要否认。很多时候，我们对伴侣生气，但是亲戚朋友在劝导的时候会说，这样不够宽容、过于敏感。这样的话会导致我们认为自己确实不应该愤怒，应该尽快消除愤怒。所以，会在情绪还没有缓解的时候压抑、隐藏、忽略。一致性沟通并非要求我们坚持己见，不听取他人的意见，而是能够和自己对话——这件事确实

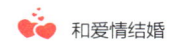

可以包容、谅解，但是我现在的情绪是愤怒的，我可以为我的愤怒负责，我的愤怒也可以存在。

一个内心强大的人不是没有愤怒的。真正需要去解决的，并不是愤怒本身，而是如何更好地表达愤怒。冲突里最令人担心害怕的是出现愤怒的指责情绪，人们会自然联想到暴力和发泄。其实，人们对愤怒的情绪是有误解的。实际上愤怒只是情绪，我们可以表达愤怒，但不一定要愤怒地表达。这是两种情绪表达方式，前者是理智而且坦诚的，但后者是失控且带来伤害的。有意识地区别表达情绪和情绪失控的表达，会带来完全不同的效果。

比如：你可以相对平静地说："我对此感到愤怒。"这是一致性地表达自己有愤怒的情绪。你也可以用失控的愤怒表达："气死我了！！！"你可以感受一下这两种表达方式的差别。

诗人米沃什说："我最大的恐惧是，我在假扮成一个不是我的人。"放下那层保护壳，大胆地说"不！"，这样会活得比较舒心。如果我们暂时无法突破，也请不要自责和自我伤害。改变任何一个习惯都需要时间与心力，不能一蹴而就。

过去（童年）形成的沟通模式是过去的一种自我保护方式。现在你需要明白："我现在已经成年了，我真的还需要这样吗？现在我是否可以表达真实的自己了？"

芳的先生很喜欢玩手机游戏，每天下班的路上、吃完饭之后都会时不时地拿出手机来玩。有时候两个人聊天，她的先生也会在中途拿出手机，说是有定时的游戏任务要做。芳对此感到很生气，但是看到先生平时工作辛苦，这是仅有的休闲方式，每次她都会忍下来。结果两个人渐行渐远，话题和沟通越来越少，芳莫名地发脾气的次数却越来越多。

芳说自己从小被教育：把负面情绪暴露出来的人是不成熟的。自己已经成年，应该不动声色地处理这些伴侣之间的小问题。所以芳每次对先生产生负面情绪的时候，就会强制自己转移注意力，克制自己不要这样。要改变这种情况，需要芳真实地面对自己，这并不意味着每次看到先生玩手机的时候就把愤怒爆发出来，而是告诉自己：我现在正因此而愤怒，我是可以愤怒的，这个愤怒是属于我自己的，我有方法处理我的愤怒。当芳对自己说出这几句话的时候，她瞬间有了一种释放和接纳的感觉。

我们总是希望改变对方，从对方那里获得关爱，但那个最真实的主语其实应该是自己。因为各种意识层面和潜意识层面的原因，如果焦点都是"你"，说话的主语也是"你"，那么是时候训练和自我重新联结了。要真实面对自己，加强自我的觉知，可以通过"我"表达法开始：

首先，每个句子以"我"为主语开头；

其次，使用我看到/听到/发现+对方具体的行为的句式，陈述事件——我发现你今天没有去交罚款/我看到你在吃饭的时候玩手机；

再次，使用"我感到"+具体情绪，表达自己的感受——我感到疑惑/我感到被忽视的失落/我感到委屈/我感到懊恼；

最后，通过"我希望"+具体的希望对方做出的行为，表达沟通的目的——我希望你明天去交保险费/我希望你在吃饭的时候可以陪我聊天，这样我会感到很满足，而且多一些沟通，我们的关系会更和谐。

"我"表达法，将陈述的主语转向自己，每句都在表述自己的感受和期待，也能够更好地将觉察力放在自己身上。当主语是"你"的时候，我们将转向关注对方而忽视了真实的自己，容易带出对对方的指责要求和评判，这样对方容易产生抵触。在使用"我"表达法的时候，每个步骤都离不开"具体的表述"，而且越具体越好。行为描述越笼统，越容易导致理解偏差。有时候一件事情引起的情绪是交织在一起的，有时候冲突中包含了很多的事件，有时候争吵总是掺杂了以往的种种，这样的描述并不会让对方意识到这些事情如此重要，只会陷入深深的困惑，看不到真实的彼此。况且改变是一步一步地发生的，关系的调整也需要一步一步地实现。不要着急，也不要担心，这个过程可能充满困惑和迟疑，但是请相信真实的自己蕴含着足够的力量。

马戏团中有一头被链子锁住的大象，链子年久，已经不那么牢靠，以大象的身躯和力量可以轻而易举地挣脱，可是这头大象从来只会在链子的长度范围内活动，即使被打也不挣脱。人们很奇怪，询问马戏团的团长，团长说这头大象的链子是从它还是小象的时候套上的，那时候小象并不听话，屡屡反抗试图挣脱，但是那时候小象力气有限，链子比较结实，小象从未成功。于是随着时间的推移,小象挣脱的尝试就越来越少了。即使它长大了,有了挣脱铁链的力量,它也不再用力,因为它已经相信自己的力量不能挣脱这个铁链。

这个故事并不是要讨论大象的力量,而是引导人们反思自我的真实力量。我们是不是也像这头大象一样,在曾经的失败中失去了对自我力量的判断?我们曾经使用习惯的沟通方式和旧有的应对方式,得到的是一次次的沟通失败和临近破裂的关系,所以不再相信自我有足够的力量。其实随着时间、阅历、经验的增加,自我一直在强大。曾经在某个时刻由于无法处理亲密关系的冲突和压力,我们选择了压抑和隐藏、逃避和无视、用攻击和控制虚张声势。但是,现在的我们已经有了成长和变化,在还没有意识到的地方积累了力量。要和自己的力量在一起,就不能像这头大象一样放弃。毕竟,你并不孤单,你不是马戏团角落里落单的动物,而是拥有各种资源、不断吸取营养的独立而自由的人。

探索练习

尝试和伴侣做一次一致性沟通,无论效果如何,先拥有自己突破的勇气。

接受冲突，善用冲突促进了解

个体差异决定这个世界上没有没矛盾的夫妻。能走到最后的婚姻，不是一辈子不冲突，而是有了冲突还能走一辈子。因此，自我成长和完善不是为了以后没有冲突，真实的夫妻之间永远会有冲突，但在带着觉知的情况下，真实地表达自己的观点只会令两个人的关系更加亲密。

要发展出面对冲突能力的第一步，就是你要正确地看待冲突的两面性：冲突有坏处，但也有好处。冲突是伤，也是药。

于己，冲突是释放真实自己的窗口

冲突具有两面性，其坏的一面是显而易见的。当双方处在冲突中时，情绪上很容易产生愤怒，而愤怒有着强大的力量，一旦使用不当，就会伤害自己、伤害对方。但是冲突，可以让你表达真实的自我。这样对方也会更加了解你，从而知道如何尊重彼此。

我们不得不承认，学会面对和处理冲突确实需要勇气和智慧。《论语》里提到："君子和而不同，小人同而不和。"君子可以与周围的人保持和谐融洽的关系，同时他对待任何事情都会坦诚地表达出自己的观点，而非为了表面和谐，放弃立场，压抑自己的想法。

在两性关系中，如果你想获得伴侣的理解和尊重，你就不能再压抑自己，逃避现实，也不能让情绪泛滥，伤害彼此，得学会真实地表达自己。如果伴侣懂得你的心，或许冲突会成为疗愈你的一服药，这是促进彼此了解的好机会。你要知道，"客气"只能停留在表层的关系，而无法增加情感的联结，让彼此关系更加亲密。

费里尼在电影《八部半》里有句经典台词："幸福在于能够说真话，而又不伤害别人。"

很多人希望伴侣"不要把情绪带回家"，是因为面对情绪时无力以对。试想如果连家里都无法说心里话，连同床共枕的人都不理解自己，面对家人都没办法找到情绪的出口，那他要么默默承受内心的痛苦，要么抑郁，要么在外面找知音，结果婚姻的危机也就出现了。

成熟的伴侣若能达成共识"家就是谈情（情绪）说（表达）爱"的地方，双方就会多一份接纳和敞开。通过表达和聆听，知道彼此的需求和差异，这是增进亲密关系的过程。

于他，冲突反映关系双方深层次的爱意

冲突看上去糟糕，但并不是全无益处的。如同危机可以拆分成危险和机遇，度过危险会迎来成长的机会，理解冲突能够更好地应对现在。冲突之中所有产生困扰的应对方式，都离不开对爱的索取。

压抑、讨好虽然表面上是在迁就对方，但深层次的目的是希望对方能够反馈爱，"为了你返回给我一分，我宁愿给出十分"。

指责、控制不仅是在索取爱，也是在表达爱，只是使用的方式是强制的。超理智索取爱的方式是交换，输出正确的道理和观点，认同即爱。

逃避并没有做出明确的索取爱的行为，因为担心自己不够重要，为了避免得不到的结果而干脆不做，不过却在努力地表达出爱，努力不让矛盾和焦虑扩大。

冲突虽然带来的都是不好的体验，但是可以通过冲突看到关系的进展阶段。如果能够察觉彼此索取爱和表达爱的本质，回应爱，那么一切的矛盾和冲突自然就迎刃而解了。

冲突是伤是药，取决于妥协

冲突有两面性，如果事无巨细都要冲突一番，那就不是"使万物各得其所"而是"两败俱伤"了。其实，冲突的双方都是对的，只是因为所站的角度不一样，所关注的焦点不一样而已。因此，我们既要敢于表达，也要学会适当妥协。

长相厮守的婚姻都需要学会在守住底线的同时做适当的妥协。进入情绪惯性反应时，就如同汽车在马路上疾驰，及时"踩刹车"也是一个同样重要的技巧。带着觉察及时停止，就可以避免事情发展成灾难。

"和为贵"需以中庸之道平衡双方需求，努力做到"使万物各得其所"（你好，我好，大家好），实现共赢，这是一种最可取的冲突解决方案。做到这一点，双方都需要坦诚表达自己，并且要做到彼此顾念，把对方视为自己生命中最重要的好朋友来沟通、对待。

如果夫妻间的交谈有个不好的开始，继续下去就会发展成争论，继续争论只有伤害没有任何好处。此时你要让对方明白，争论下去没有任何效果，谈话需要中断一会儿。中断时间视大家调整状态的速度而定，一般最少要20分钟才能平静下来。中断的时候最好抽离争论的现场，关键是避免进入负面思维卷入受害者的情绪之中，尽量做一些让自己平静下来的事情，比如出门散步、深呼吸、冥想或听一些缓解情绪的音乐等。

先平静下来的一方，可以用自己平静的能量影响或安抚另一方，让对方感到和你在一起可以放松，愿意在适当的时候继续交流还未解决的问题。

冲突是伤是药，取决于界限

婚姻，除了使双方各得其所，还要建立在界限、规矩之上。这也是最有挑战的地方。尊重源于有界限。但我们大部分人有侵犯别人界限和被别人侵犯界限的双重经历。我们最不想看到自己的盲点——没有人会愿意承认自己不懂尊重。

例如，婚姻中一个经常性的冲突来源于钱，许多婚姻也因为金钱的界限问题没有妥善处理好而结束。钱重要还是感情重要？钱由谁管？钱怎么用？基于"谈钱伤感情""既然你爱我，就要让我管钱"的病毒性信念，许多夫妻盲目地把家庭理财这个重大议题简单粗暴地演绎成"二选一"的选择题：要么你管我不管，要么我管你别管。有些伴侣直接交出财政大权，美其名曰"爱和信任"，其实伴侣双方对金钱没有界限感，是非常不成熟而且对家庭极为不负责任的态度。

我见过许多家庭因为金钱管理的问题而导致婚姻的破裂。负责管钱的一方一声不吭地把钱给了自己的父母，没有事前和伴侣沟通，另一方知道以后就会产生愤恨，或者管钱的伴侣投资失败了或者被人骗了，另一方就会因为失去安全感而对这段关系失望，管钱的一方也会自责和内疚。发生这样的经济失衡，关系都会随时破裂。

金钱意味着一个家庭的稳定和发展，所以夫妻的结合不仅是感情的结合，而且意味着家庭未来责任的共担。负责任的夫妻会合理规划家庭的经济，做好收支预算，在合理的范围内可以随意支配，但超出范围需要双方讨论达成共识。任何投资都意味着风险，所以草率的决定意味着结果很难美好，决定之前都要想想：如果投资失败，我们这个家庭是否能够承担？这才是一个负责任的心态。

所以，在婚姻中你不能只想扮演"好"人，你要有保持界限的力量。

接受冲突、善用冲突，让关系越走越远

接受冲突是一种能力，这种能力会决定一段关系能否走远。学会善用冲突，不仅不会损害亲密关系，反而还会增进彼此的信任。每个新家庭都是由两个原生家庭的成员组成的，涉及两个原生家庭文化的碰撞。新家庭开始，亲密关系的双方都会坚守原生家庭的规则，站在自己觉得合理或正确的角度来审视问题，冲突在所难免。这时候，彼此表达自己的观点，并呈现出自己的界限，让对方懂得与自己相处时的关系底线，双方在界限之下找到舒适的相处方式。这样既不需要压抑和委屈自己，也不需要为了避免冲突而强迫对方做出改变。

在面对冲突时，首先，允许彼此坦诚相见，并学习如何带着觉察表达情绪。其次，双方通过一致性沟通，跳出各自的局限，协商寻找共同点，寻找双赢的相处方式。总之，抱着"各得其所"的态度处理冲突，能够令彼此越来越了解对方，关系变得越来越亲密。你可以因为选择和谐而选择妥协，但不必因为害怕冲突而失去底线。

在亲密关系中，不必过分担忧冲突，每段关系的表现不尽相同，只要能够感受到爱与认同，就能够收获安全与成长。冲突的应对方式一直在改变，唯一不变的是关于爱的需求。人们追求爱，所以在每种沟通姿态中发展出了积极的力量，例如使用指

责和控制的时候，也会发展出自己的责任感、执行力和创造力。在压抑讨好的时候，会发展出自己的包容力和关怀力。超理智的时候会获得睿智和知识。逃避的时候也会展现出幽默、灵活的特质。这些特质能帮助我们散发出吸引力，形成良好的亲密关系。

每个人都是自由的，善用冲突能够帮助我们促进对彼此的了解，享受相对自由的关系。正如心理学家萨提亚关于自由的诗中的描述：

自由地去看和听存在于这里的一切，而不是那些应该存在、过去存在或是将要存在的；

自由地去表达你的感受和想法，而不是表达那些你应该表达的；

自由地去感受你所感受到的，而不是感受那些你应该感受的；

自由地去要求你想要的，而不是永远等待许可；

自由地代表自己去冒险，而不是仅仅选择"安全"和不捣蛋。

探索练习

你是否可以在冲突中看到彼此的爱意？在什么情况下你会妥协？你在关系中有保持界限感的意识吗？如果冲突中的沟通方式不是你喜欢的，你打算做些什么调整？

第四章

知己知彼，求同存异

和　爱　情　结　婚

当你只注意一个人的行为，
你没有看见他；
当你关注一个人的行为背后的意图，
你开始看他；
当你关心一个人意图后面的需要和感受，
你看见他了。
透过你的心看见另一颗心，
这是一个生命看见另一个生命，
也是生命与生命相遇了，
爱就发生了，
爱会开始在心之间流动，
喜悦而动人！
这就是吸引而幸福！

当你只关注自己的行为时，
你就没有看见自己；
当你关注自己行为背后的意图时，
你就开始看自己了；
当你关心自己意图背面的需要和感受时，
你才真的看见自己了。

透过内心看见了自己的心灵真相,
这是你的生命和心相遇了,
爱自己就发生了,
并开始在自己身上流动,
你整个人就和谐而平静!
这就是真爱的发生!

——维吉尼亚·萨提亚《真爱的发生》

了解先天气质的差异，找到对的相处方式

一个人的性格是由先天气质加上后天成长环境造成的，古人说的"江山易改，本性难移。"很多人理解为性格是无法改变的，其实"本性"指的是先天气质而非性格，因为性格可以因为后天环境及自身的经历而改变。"本性难移"是因为先天气质和我们与生俱来的神经系统、血型及体质有关。希波克拉底和巴甫洛夫等心理学家对此做了深入研究，先天气质的差别主要表现在思维的灵活程度、注意力集中时间的长度、情绪强弱、意志力程度等诸多方面。

人的先天气质，最典型的有四个类型：活泼型、安静型、兴奋型和抑制型。虽然说人的天生气质分为四个类型，但并不是说每个人的身体里只有一种气质倾向，事实上每个人身体里都分布着四种气质倾向，只是比例不同而已。比如，有人有50%的抑制、10%的活泼、20%的兴奋和20%的安静，那他们是以抑制为主导的，我们就说这类人是抑制型。但是即使两个人同样是抑制

型，也可能会有比例差异，差异大的人身上体现的抑制型特质会更加明显。

一个学生找我，说能不能帮她已经退休的父亲和母亲做婚姻辅导，还说不确定父亲最近是不是脑子有问题了。将近80岁的父亲最近才退休在家，平时非常沉默和隐忍的父亲最近情绪突然非常暴躁，他怀疑经常出去和朋友一起玩的妻子有外遇了，做了很多过激行为，母亲也因此高血压发作住进了医院。

我分别单独见了老先生和老太太，发现他们尽管已经结婚50年，而且是那个年代的知识分子，但他们依然没有真正地了解彼此，因为多年的误解，内心已经给对方贴上很多固执的标签。老太太说抑制型的丈夫"话少，胆小怕事，生活单调无趣"。老先生则怀疑先天活泼的妻子有外遇，因为她"对外人比对自己热情，经常不在家"。

经过单独辅导，两个人情绪已经稳定了许多，这才可以安排两个人同时辅导。这一次，我总结了他俩先天气质差异带来的误解并给他们日后的相处方式提供了建议，两个人打开了心扉，也解开了心结。结束后老先生心怀悔意，搀扶着老太太下楼，而老太太也主动说要回家陪老先生了。

究竟是什么让他们发生了转变？请大家先了解一下活泼型气质和抑制型气质的差异，我在后面再补充。

1. 活泼型气质特点：主动热情，善交朋友

活泼型的人总体来说属于外向型。他们活泼好动、敏感、反应迅速、善于交际，容易吸引别人的注意，同时让别人开心，易于适应环境变化；在工作、学习中精力充沛，而且效率高，兴趣广泛，但往往思考不够深刻，注意力容易转移，情感兴趣易于变化，受不了一成不变的生活。

相处方式：关系优先、感性沟通、建立界限和责任。

关系优先。活泼型的人最在乎的是关系，如果关系不好，你就别想和他沟通。他不在乎其他，只在乎人，只在乎关系。活泼型的人很愿意讨好人，但前提是必须喜欢你。活泼型的人，一生中最重要的渴望就是得到自己重视的人的肯定、赞美和认同，若伴侣无法提供这种"营养"，他对这个家就不会有依恋。他完全忍受不了伴侣看不到他的付出，忽略他的感受。在伴侣身上，如果这个需求得不到满足，他就特别容易向外寻求，比如利用自己有同情心和侠义心肠的特点帮助别人，也从中收获别人对他的肯定。

感性沟通。活泼型的人比较感性，如果你能多传递温暖的情感，会减少很多不必要的争执。如果你跟他说："你经常不在家，花钱又大手大脚，我很讨厌这样。"这是负面的警示，只会引起他的反感，更加任性。但如果你说："我很在乎你，也很在乎我们的关系，我希望你可以多在家陪陪我。"他就能够听进去。要让活泼型的人改变，先要建立你们之间温暖的情感联结，

然后让他愿意自我约束。

建立界限和责任。界限和责任是活泼型的人的短板。活泼型的人界限感很弱，信任你的时候把钱全都给你。他会为了关系，而忽略自己的责任。比如周末你们在过家庭日，他突然接到朋友需要帮忙的电话，他可以不顾你的反对，理所当然地丢下家人，先去帮朋友。和他不一样的是任务导向型的抑制型的人，只要答应完成一件事，就会先完成任务，再帮助其他人，会先和别人说明："我知道你遇到了问题，但我现在要陪家人，然后再来帮你。"另外，因为自我约束能力较差，活泼型的人很容易随心所欲，欠缺计划性。如果另一半是抑制型的人，就会对此感到很头疼。所以，如果你的伴侣是活泼型，那么你们首先要建立良好的感情关系，然后再去做有效的沟通达成共识，包括对金钱的管理和规划，否则，他容易养成花钱完全没有计划的习惯。

2. 抑制型气质特点：感受细腻深刻、思考透彻的完美主义者

抑制型的人总体上是内向型的人。为人小心谨慎，思考透彻；做事专注、敏感细腻、善于觉察别人不易觉察的细小事物；具有高度的情绪易感性，多愁善感，情感的体验深刻细腻且持久；行动迟缓，不太合群，有些孤僻，遇到困难时优柔寡断。

相处方式：心理满足、疏导情绪、给予空间和自由。

心理满足。能让抑制型的人把优势发挥到极致的基础是，伴侣要给予他充分的心理满足感。这指的是，给他无条件的接纳，

满足他对安全感的需要，给他在你心中最重要的确认，给予他肯定、赞美和认同。当抑制型的人得到足够的心理满足，他的生命就会绽放。因为他非常聪明，只要有一个稳定和谐的伴侣关系做后盾，他就能调动起自己最大的潜力不断进步。和活泼型的人不同的是，抑制型的人善于自省，他们能够快速地从错误中总结经验教训。

对"真理"的追求，让抑制型的人很容易掉进非黑即白的二元对立里。因此，他害怕犯错和失败，一旦失败，比较难以面对，难以重新出发。所以当一个抑制型的人做错决定或做错事情的时候，很考验伴侣的智慧。抑制型的人本来就擅长自省，所以很多时候他们做错事情并不需要伴侣总是在耳边不断地提醒他们，他们就已经知道自己错在哪里，下次应该怎么改善。即使他一再犯错，提醒他时也要有一个重要的原则：对事不对人。

这个原则虽然适用于所有人，但对抑制型的人来说尤为重要。因为可能其他人因为犯错被别人数落一通很快会忘记，而抑制型的人，因为敏感、深刻的特点，只要受到对他本人的攻击，就会放在心里，很久都过不去。所以当他做错事的时候，你可以和他说："这样做的话后果可能会很严重，我们可能会承受不起。"但切忌说："你怎么这么简单的事情都做不好？你怎么可以这么没脑子？"这类针对人的攻击，会让抑制型的人尤其受伤。

疏导情绪。抑制型的人感受太多太深刻，有了情绪后又不容易放下，所以调节情绪对他们而言是一个非常重要的课题。比如面对一个脾气不是很好的伴侣，活泼型和安静型的人都比较容易撑过去，而抑制型的人就很容易吸收伴侣的问题和负面情绪。他很容易把自己和伴侣的痛苦悲伤捆绑在一起，而不容易区分开来。所以，一方面，伴侣要尽可能少输送负面情绪；另一方面，当他有情绪时，要为他提供很好的情绪疏导途径和方法。比如，不管他是沮丧还是悲伤，都要耐心地倾听："嗯，我看到你这样很难过。"

给予空间和自由。抑制型的人做事专注力强，所以他们需要独立的空间思考和处理问题，这个时候一旦有外界干扰，他们就会烦躁，觉得没有被尊重。因为喜静，他们不喜欢交际应酬，只会挑选为数不多的人当自己的好朋友。与对待兴趣爱好的方式一样，他们只要选定了好朋友，就会开始一段比较持久的关系，感情非常深厚。

看了上面关于活泼型和抑制型气质的描述，相信大家也了解了案例中两位老人的气质和差异。当时我问：过去哪位的事业做得更好？老太太直说："那我和他比差太远了，差太远了！"她说老先生是某个领域的专家，甚至到了退休年龄还作为专家被国家单位返聘，直到最近一年才真正退休。我说，哦！那看来老先生在孩子小的时候是家庭的经济支柱了。两个人点头。然后我又问：过去家里的事通常谁出面解决？老先生说："都是她弄的。""那看来你们两位原来是男主外女主内。"两个人点头。

"你们过了50年的婚姻生活，有说过欣赏或感激对方的话吗？"两个人直摇头，说没有。于是我引导他们做了一致性沟通，把对对方的欣赏和感激说了出来，其间两个人热泪盈眶，连平时话语极少的老先生也忍不住流下了热泪，老太太也给他递去了纸巾。

"现在的问题是退休后老太太经常不在家，老先生很孤独？"老先生点头说："太难受了！"

接下来，我分析了俩人不同的先天气质：一个有深度，一个有广度。正是因为老先生的深耕专注成就了他的事业，而退休却令他感到孤独，日子过得毫无价值。老太太年轻时因为孩子和家庭的责任不得不先照顾家庭，苦闷时只能看书作乐。但随着儿女成家立业，自己又退休了，她觉得终于可以"活出自己"，唱歌、跳舞、逛街、旅游，日子过得不亦乐乎。

他们的矛盾，本质上是先天气质的差异呈现在退休生活上的不同态度。充分认识到这一点之后，老太太表示以后有什么活动都叫上老伴，自己也适当安排时间在家陪伴老伴，老先生也表示要有意识地增加其他兴趣，让退休生活过得更有意义。

3. 兴奋型气质特点：勇敢执着，目标大于一切

从表面上看，兴奋型的人和活泼型的人都表现外向。但实际上，这两类人的内在气质相差甚远，他们之间最大的区别在于兴奋型的人行动风格完全是目标导向型，为了达到目标，他们会想尽办法。兴奋型的人直率热情、精力旺盛、情绪易于冲动，心境起伏大，反应迅速，行动敏捷，暴躁而有力；性急，有一种强烈而迅速燃烧的热情，不能自制；在克服困难上有坚忍不拔的劲

头，但不善于考虑能否做到，工作有明显的周期性，能以极大的热情投身于事业；积极克服达到目标的重重困难和障碍，但当精力消耗殆尽时，便失去信心，情绪顿时转为沮丧而一事无成。

相处方式：建立正确价值观、加强修炼、以柔克刚。

建立正确价值观。选择兴奋型的人做伴侣，最重要的是观察他的价值观是否正向。当兴奋型的人是非观、价值观正确时，他在经营家庭和事业的过程中，不怕困难，不会在意别人的看法，会为这个家庭保驾护航。但如果观念出现偏差，破坏力也是极大的。与其他类型的人相比，兴奋型的人天生对弱者没有那么多的同情心。因为当他自己遇到困难时会积极面对，所以他会轻视那些遇到一点儿问题就逃避的人，并且无法理解别人为什么会那样。

加强修炼。每个人这一生都需要修炼，但对兴奋型的人而言尤为重要。因为情绪容易激动，起伏不定，所以容易影响他的决策及事业。由于他急于求成，这既是成功也是失败的重要因素，所以他的优势和弱势是鲜明的两个极端，若不加强修炼，暴躁、自负加上无休止的欲望可以把过去的所有成就毁于一旦。个性鲜明的兴奋型，也非常考验伴侣的智慧，因此伴侣最好先修炼好自己，润物细无声地影响高傲的兴奋型。

以柔克刚。兴奋型的人喜欢控制别人，而被他控制的伴侣，有可能会感到压抑，从而发生冲突。兴奋型最忌讳遇到掌控型的伴侣。两强相遇必有一伤，当他的想法和目标得不到伴侣支持，反而遇到阻挠时，那一股强大的力量就容易被迫流向破坏性的方向。如果伴侣使用激将法，甚至会引发家暴。因此，你若有这类型的伴侣，要格外给他自由发展的空间，以柔克刚。除非出现大是大非的价值观问题，一般情况下对他要积极给予正面的支持。否则，当遇到打压的时候，兴奋型的人会报以异常强大的破坏力量，来和伴侣对抗，两败俱伤是必然的结果。

4. 安静型气质特点：稳重谨慎，思维能力强，化解矛盾的和平使者

安静型气质的人看上去比较安静内向，喜欢独自一个人待着，不像活泼型的人哪里热闹往哪里去。安静型的人会选择与少数几个特别信任的人联结，而不是大多数人，这样的社交风格来自他天生谨慎的个性。个性沉默寡言、思维缜密周全，善于忍耐，反应比较缓慢，沉着稳重，能克制冲动，严格恪守既定的工作制度和生活秩序；情绪不易激动，也不易流露感情，自制力强，不爱显露自己的才能，固定性有余而灵活性不足。安静型的人天赋之一是有逻辑有条理，思考能力强，他把一件事前前后后想好后，就可以照着自己的想法去行动。相比之下，抑制型的人即使知道怎么做是对的，但常常因为感受、情绪太多而无法行动。因此安静型的人性格的一大优势是情绪稳定，拥有和谐的人际关系。

但凡事有两面，比如安静型的人，假如他的伴侣情绪波动比较大，一面是他一般不会受到太大影响，并自得其乐；他会觉得那是她的事，他会自己处理自己的情绪，不容易受到影响。另一

面便是情绪波动大的一方会感觉被冷落。

相处方式：接纳慢节奏、多给肯定、鼓励表达感受。

接纳慢节奏。安静型的人除了上述的优势以外，对金钱的管理能力也是其他类型的人无法相比的。唯一让人抓狂的就是安静型的人给人感觉做什么都慢，其实他慢的原因是个性谨慎，做任何事情都需要多一些时间思考和准备。如果他的伴侣性格比较急躁，老是催促他，他可能不会发脾气，但是他会觉得被干扰。

安静型的人虽然看上去个性温和，但骨子里非常固执倔强，因为他觉得任何事情都尽可能想得周到，不希望别人干扰他思考。

多给肯定。相比兴奋型的人，安静型的人看上去总是精力不够，这是因为不管是工作还是生活中的事，安静型的人思考得都太多，氧气大部分都输送到大脑用于思考，因此他真的很累。不理解的伴侣会觉得他很懒，或者是希望他多锻炼身体，提升精力和魄力。其实他的状态和懒无关，只是精力不那么旺盛而已。所以他表现不那么活跃，不那么爱运动，时常需要休息。其实身体是很有智慧的，知道有太多精力要消耗在脑袋里，所以会自动休息，保护精力。

安静型这样的外在表现方式，很容易让伴侣指责。其实这样只会适得其反，面对安静型的人，如果希望他哪方面做得好，便在哪个方面做得好的时候认可他、肯定他就可以了。只有通过正面肯定的方式，才会激发他的积极行动力，让他变得比较有力量，比较有行动力。

鼓励表达感受。因为天生不那么喜欢表达感受，所以进入婚姻以后，亲密伴侣通常会有一种面对木头人的感觉。安静型的人要学会表达感受并不容易，尤其是开始的时候，需要伴侣给他更多的接纳和耐心倾听，甚至主动引导他表达感受。只有在伴侣面前感觉到足够的安全，他才会慢慢地敞开心扉。

在我们小的时候，外向型的人是比较容易招人喜欢的。"勇敢""活泼""做事爽快""口才好"往往是活泼型和兴奋型的标签；反之"胆小""反应慢""拖沓""懒惰"就很容易成为抑制型和安静型的标签。你很难想到用"深思熟虑""稳重""高情商"来褒奖一个安静型的孩子……成年人这些个人喜好带来的标准有可能会影响孩子的一生。如果伴侣之间继续用一些负面的标签，那不仅不能支持对方成长，而且会对其自尊带来极大的伤害和打击。

早一点儿了解到你和伴侣或家人的先天气质，家庭之间的相处就会更加轻松。如果不了解伴侣的天生气质，很容易就会习惯盯着伴侣那些令人不满意的地方，给对方贴标签，却忽略了对方独特的一面，这就会造成伴侣之间的很多矛盾和冲突。

懂得伴侣的先天气质会更容易减少误会，理解接纳对方，并知道怎么和对方相处，甚至有可能会引爆伴侣的潜能。

比如，刘嘉玲和梁朝伟的气质和喜好，如同正负极的两端。刘嘉玲喜爱热闹，梁朝伟却更喜好安静。

刘嘉玲是个派对女王，喜欢呼朋唤友一起玩，但梁朝伟几乎从来不参加。张国荣、王菲等一帮朋友经常在他家打牌,所有人都玩得不亦乐乎,而梁朝伟竟一个人躲在一旁喝茶。

刘嘉玲八面玲珑,梁朝伟却不屑于人情世故。两个人去参加朋友的婚宴,有人走过来要和梁朝伟碰杯。梁朝伟却来了一句:"我为什么要和你喝?"刘嘉玲马上出来化解尴尬:"抱歉,我家先生不太喜欢喝酒。来,我敬你一杯。"

一段婚姻里,夫妻二人居然可以如此不同。刘嘉玲却从来没有想过要强行改变他,从不勉强他去社交、唱歌、喝酒。她说:"我就是欣赏他那份享受孤独的随性自由。"

所谓爱到深处是懂得,更是慈悲。气质迥然的夫妻,也可以拥有最美好的爱情。

探索练习

根据平时的观察,评估一下你和家人这四种先天气质的百分比,哪一个是优先气质?换一个角度,写出对方的优势特质(有些特质因为被否定,优势未必发挥出来,可能以隐藏的方式存在)。你也可以和对方多沟通,以便了解和发现更多。

摘掉标签：区分事实和想法

爱君已经57岁，她和丈夫坎坎坷坷度过了30年名存实亡的婚姻。为什么如此坎坷不幸呢？只因为一句调侃的话。

30年前，女儿刚3个月大，爱君因为生育女儿，身体还没有恢复。一天，爱君看到丈夫靠在床边看着可爱的女儿，她觉得特别温馨，便走过去搂着丈夫一起看宝宝。没想到丈夫用"母猪"来形容她，这让爱君的自尊心大大受挫，觉得备受侮辱，因此在内心开始了长达30年对丈夫的怨恨。

爱君的职业是妇产科医生，后因身体原因辞职，然后去寿险公司做风险管理工作。成长环境及工作性质造就了她坚持原则的性格特征，习惯于论对错、辩是非、找问题、查漏洞、做评判，不懂得通融与包容。对丈夫的积怨，加上这样的思维习惯，导致丈夫在爱君眼里就是由一堆错误组成的人。这种糟糕的负面情绪惩罚着丈夫，也惩罚着她自己，导致她身体状况非常不好，被三叉神经痛折磨了整整15年,还因此做过三次三叉神经撕脱术和一次开颅手术。

可能很多人觉得不可思议。夫妻之间因为一句无意的话就冷战30年?粤语有句方言:"崩口人忌崩口碗。"意思是用缺口的碗来盛东西给裂唇的人吃,分明就是讥讽和刺痛人家的死穴。当然,内心足够强大的人是不会受影响的。然而,爱君的内心本来就有一个"没人爱"的信念。

爱君6岁半时妹妹出生了,父母的同事前来探望,看到6岁半的她,就故意逗她说:"以后你爸妈只爱妹妹了!"这只是成人的玩笑话而已,但是当时的小爱君信以为真,因此特别愤怒,还坚信父母会像那些大人说的一样更爱妹妹,不爱自己了。妹妹的出生,加上大人的玩笑话,让爱君滋生出被遗弃的感觉。在一个孩子有了被抛弃感后,她会有意识地去验证这一点。坚信自己没人爱又无比渴望爱的爱君,开始用挑剔的眼光去搜索自己不被爱的证据。尽管父母兄妹是爱自己的,但这些童年经历让她形成了匮乏的自我认知。结婚后,她屡次质问丈夫"你究竟爱不爱我?"。如果丈夫说"我都跟你结婚了,我怎么能不爱你?",她就会进一步问"既然爱我,你为什么……?",从各种细节来找寻丈夫不爱自己的证据,列举对方种种不爱自己的表现。她甚至渴望如果丈夫有外遇,被她抓到就好了,那就能证明她的猜想是对的了。正因为自己内心匮乏的自我认知,使得爱君总是会"杜撰"他人的评价。她能够因为丈夫一句"侮辱"的话而怨恨丈夫30年,正是因为这点——内在太匮乏,才会扭曲自己所感知到的世界。

经过婚姻咨询,爱君猛然发现真相,她一直觉得自己"没人爱",而无视丈夫对她的爱。丈夫表达爱的方式是默默地做事。30年来,虽然乐君一直对丈夫充满指责和挑剔,但丈夫依旧不愿意离婚。在她住院期间,丈夫也是无微不至地陪伴左右、悉心照料。她对丈夫行动上的爱视而不见,却努力去捕捉自己被忽视、不被爱的细枝末节。

在亲密关系的沟通中,有三个致命点要切记:一不伤自尊,二不羞辱,三不增加焦虑。这三点分分钟就会令关系破裂。爱君一直没有撕掉那个羞辱的标签,不善言辞的丈夫"羞辱"了妻子又毫无觉知,更不知道怎么"补锅",双方都不懂得主动沟通,才导致30年本可以幸福的时光白白流逝。爱君也因为"母猪"这一句看似不经意的评价而激发出自己深层的"没人爱"的信念,自我惩罚了30年。

在生活中,我们经常盲目地给他人贴标签,因为人往往都傲慢地认为自己所认知的世界就是世界的全部。我们的心里住着一位"大法官",总用自己的标准给自己和别人乱贴标签。我们活在一个互相贴标签的世界里,标签和想法越多,所看见的事实就会越少。

王阳明心学的"四句教"总结出了所有善恶的本质:

无善无恶心之体,
有善有恶意之动。

知善知恶是良知，

为善去恶是格物。

你抱持的想法或感受只是一个观点，而非绝对的真相。事实就是发生的事件，而感受和想法呢？是我们内心世界的演绎，其实已经不是事实。

有些人因为做错了一些事有挫败感，这是感受。旁观者都知道，他的状况没有他感受的那么糟糕。莎士比亚说过："外面的事物是中立的，是我们的思想决定了好与坏。"

所以厘清事实、感受和想法，我们才能如如不动，安住于心。我想起鲁斯·贝本梅尔的这首诗：

我从未见过懒惰的人。

有人有时在下午睡觉，

在雨天不出门，

但他不是个懒惰的人。

请在说我胡言乱语之前，

想一想，他是个懒惰的人，还是

他的行为被我们称为"懒惰"？

我从未见过愚蠢的孩子。

我见过有个孩子有时做的事，

我不理解或不听从我的吩咐，

但他不是愚蠢的孩子。
请在你说他愚蠢之前，
想一想，他是个愚蠢的孩子，还是
他懂的事情与你不一样？

我使劲看了看，
但从未看到厨师，
我看到有个人把食物调配在一起，
打起了火，
看着炒菜的炉子——
我看到这些但没有看到厨师。
告诉我，当你看到的时候，
你看到的是厨师，还是
有个人做的事情被我们称为烹饪？

我们说有的人懒惰，
另一些人说他们与世无争；
我们说有的人愚蠢，
另一些人说他学习方法有区别。

因此，我得出结论，
如果不把事实
和意见混为一谈，

我们将不再困惑。

因为你可能无所谓，我也想说：

这只是我的意见。

陈以侃在《在别人的句子里》说道："大多数人都是'别人'，他们的想法是别人的意见。"

要成为自己，首先要自我确认和自我认可，摘掉标签是改变我们对自己看法的第一步。觉察到他人用他的想法给你贴了标签，识别出他人对你的定义和评判，区分出事实和想法，才能用中立的眼光看待事情，而不至于被情绪的野马带跑。

伴侣之间不要轻易贴标签，更不要给自己贴标签。当你给自己贴上那些负面的标签时，你会一直活在你所贴标签的世界中。你对世人、对自己最大的慈悲，就是不给任何人贴标签下定义。每天都以全新的、好奇的态度去面对你身边的所有人。

如果我们同意别人的标签，那就是认同，认同没有好坏，只是一种现象和一种选择。但是你有权利选择同意或不同意。特别是在面对别人的误会、羞辱、指责的时候，你心里可以反复自问："这是真的吗？这是事实还是想法？"相信你会慢慢从卷入的状态中抽离出来。"走自己的路，让别人说去吧！"每个人穿着不同的鞋，走着不同的路，别人又怎么能理解你的世界呢？因此，摘掉负面标签是觉知和智慧的表现：没有我的允许，谁也无法伤害我。

探索练习

请写下你曾经被贴上过的负面标签，它们对你带来什么影响？你是否能摘掉这些标签？

请回顾你给伴侣贴过的标签，这些标签是如何影响你们的关系的？

请回看开篇写下的问题，问题里是否有对自己或别人的标签？

滋养爱与婚姻的三大营养

亲密关系最终的问题都不是外界的,不是孩子、不是生活压力、不是家庭琐事,本质是彼此缺失了情感联结和内在需求的回应。

越来越多的来访者诉说自己或伴侣"爱无能",也就是不知道什么是爱,也不知道怎么爱一个人。事实是,很多人含着奶嘴就进入了婚姻。因为在进入婚姻时,很多人的内心依然有太多未被满足的渴望和需求。

在爱的需求上,很多成年人都是嗷嗷待哺的孩子。

故此,建立一段关系就像种下一粒种子。如果没有阳光、空气和水,这粒种子就无法茁壮成长。营养不够,关系就不会健康;没有营养的关系,再努力也是白费心机。能在关系里持续满足爱的渴求的,这段关系必定琴瑟和鸣。反之,当这段关系营养匮乏,需求得不到满足的时候,关系就会有冲突分歧。

但所有的冲突和分歧的本质都是心理营养匮乏而产生的症

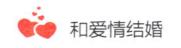

结。没有感情营养的滋润，关系就会日渐干涸。因此了解如何爱一个人是一切智慧的根源。那么幸福的关系需要什么营养滋养呢？

营养1：安全感

一段良好的关系，首先要有安全感。在感觉安全的关系里，我们是被接纳的，没有担心，只有信任和放松。在安全的环境里，我们既可以自得其乐，也可以紧密联结，无论怎样都可以无拘无束。缺乏安全感的关系会互不信任，小心翼翼，令人窒息，想要逃离。要创造安全的环境，伴侣之间需要注意以下几点：

第一，保持情绪稳定。索达吉堪布说过这样一段话：有些人的情绪就像春天的天气，时而晴空万里，时而乌云密布。一个小小的因缘，就可以让他高兴不已或痛苦万分，给周围的人带来诸多不便。记得《修心七要》云："不喜怒无常。"所以我们应当保持稳重的人格，给身边的人一种"安全感"。

如果我们早期在原生家庭无法获得安全感，长大后会有很多担心和焦虑，对未来没有信心。如果携带在身体和记忆中的伤害、情绪、遗憾没有被疗愈，就会投射给伴侣，就像小月和江之前的状态。如果伴侣的一方经常处于焦虑状态中，很难心平气和，他会经常担心这担心那，怀疑这怀疑那，情绪容易失控，另一方就会觉得很烦，没有安全感，对这段关系也没有信心，因为他不知道自己的伴侣什么时候会情绪爆发。

第二，无条件接纳。马家辉是香港的评论家，爱写小文章，爱说小段子，似乎也很有正义感。他有个好太太，名叫张家瑜。看过张家瑜的相片，非常温柔和善，但骨子里却有股独立思考的独特气质。

一次，在张家瑜新书的讲座上，有人问她："马家辉在'锵锵三人行'上对女嘉宾说婚姻爱情生活的各种段子，回家会不会被罚跪？"张家瑜笑着说："我一直觉得，人应该有言论免于恐惧的自由。"

你能有意识地知道你的伴侣是一个独立的人，知道他（她）不是你的爸爸或妈妈；你不会拿你完美的"梦中情人"来要求现实中的伴侣；你总能感受到对方好的地方，或者允许对方有自己的自由和选择，对方便能获得安全感。如果关系里你看我不顺眼，我看你不顺眼，双方无法接受彼此，肯定冲突四起，家成为战场。

第三，独立自主。 钱钟书和杨绛的爱情令人羡慕。但很多人都特别赞叹杨绛展现的非常成熟的婚姻态度："跟你一起时以情相系，分开时独立自主。"

刘若英和钟石结婚后，在装修新房时，钟石在家里设置了两个书房。他在他的空间里做事讲话，她不受影响。她也在她的空间里潜心沉思，写稿看书。他们分别在自己的小空间里独立，在共同的大房子里爱着彼此。他们爱对方爱得透彻且聪明，而且成了有名的模范夫妻。

有人问两口子的幸福秘诀，刘若英说："再爱一个人也不要没了自己，再好的关系也要有相对独立的空间，因为宽松而舒适，因为自由而独立，因为尊重对方独处的权利而爱得更深。"

想想，哪怕再亲密的夫妻，也需要各自独立的空间。

独立自主是在成熟的人格基础之上发展出来的。心智成熟的人，会为自己负责。有些人误认为结了婚他就是我的，他要为我负责任，如果我有什么不开心，都是他没有照顾好我，这是一种依赖情结，一种不成熟的心智模式。"爱情应该给人一种自由感，而不是囚禁感。"作家劳伦斯说。如果你有能力照顾自己的喜怒哀乐，而不是把自己的喜怒哀乐交给对方，那么对方就不会有压力。

营养2：价值感

心理学家罗兰总结亲密关系满足的秘诀："第一欣赏你的伴侣；第二表达你的感激；第三重复上述两步。"充分的欣赏和感激让对方感觉有足够的价值感，自我价值感高的人会变得自信及充满力量和希望。如果关系里面其中一个人得不到认同，价值感就会特别低，这段关系就会变得枯竭。

有婚姻专家做过调查，74%的男士表示：我宁愿娶一位尊重我但我不爱的妻子，也不愿娶一个我爱但是不尊重我的妻子。

可见男人对受尊重看得有多么重要。双方的价值感来自对彼此的欣赏和认同。如果伴侣愿意去欣赏另一半，并且用语言和行动表达出来："能遇到你真的很好，你真的很重要……"那么被肯定的伴侣就会认为：他需要我，在他眼里我是好的，我值得被爱。因此他对这段关系就会充满自信，并愿意用积极的行动回馈对方。所以，好的关系是互相激励、互相成就。

反之，如果伴侣之间经常互相否定和挑刺，那伴侣就会觉得在这段关系里得不到认同，感到沮丧和挫败，对关系也会感到失望。陈道明在《中国式离婚》里和执意要离婚的妻子有这样一段对白：

"你知道男人最忌讳什么吗？最忌讳女人看不起他。"

"我没有。我是恨铁不成钢，是激将法。"

"这个尤其要不得，激将法。尤其在夫妻之间，这种方法要不得。"

若要指责，总能挑出毛病；若要认可，总能找到对方的价值点。关键是，你要建立什么品质的关系？这样的方式是否可以帮助你建立你想要的关系？

有一个男生上过我的课，回去学以致用，取得令他难以置信的效果。他说太太平时很强势，所以他平时尽量不吭声。但是上完课之后，他回家和太太说："老婆，我在家里带半天孩子都辛苦得不得了，你天天带孩子太难了。我在想，如果没有你，这个家怎么办啊？"他老婆听了反倒说："你天天在外面谈业务也很不容易啊！这些你就不用管了。"而且他发现太太带孩子越来越有耐心，对他也越来越温柔。如果你希望伴侣更爱你，那就每天找机会告诉他，他有多好，而不是证明你自己有多好！

营养3：重视感

重视感的意思是：在你的生命中，我很重要，你很在乎我。

如果在一个人脆弱的时候，能想起某个人，突然间内心就充满了力量和希望，那么这个人平时一定给了他很多的温暖和重视感。我们可以把这个人称为重要他人。

一位四十多岁的太太来找我，说对婚姻很绝望。在和她沟通的过程中，有一段话给我的印象特别深刻。

她说："我和他都是特别有家庭责任感的人，这一点我对他特别认可。但是，虽然我看上去很能干，但我毕竟也是个女人，也会有脆弱的时候，我也希望被呵护。但他会经常说，你都四十多岁了，难道这点儿情绪不该自己处理吗？每当他这样说的时候，我就会失控、愤怒，内心有很多委屈。但最后得到的还是更多的委屈。"

这位女士的绝望来自婚姻中没有得到丈夫在情感上的理解和重视。理性的丈夫缺乏共情能力，简单地说就是缺乏体验妻子内心情感的能力。在前文提到良好的倾听、共情和无条件的积极关注，可以帮助我们更好地了解对方，走进对方的内心世界，满足对方被接纳、被理解、被认可、被尊重的渴望。

从梁朝伟和刘嘉玲的一段访谈中，我们可以看出他们对彼此的无条件接纳和信任，在乎对方又给予对方足够的空间和自由，这样的关系是有足够的心理营养的。

主持人问梁朝伟：为什么确定娶刘嘉玲？梁朝伟毫不犹豫地回答说："她一直支持我，无论我们多久不能见面，即使我和别人有很多亲热戏，她也无所谓，所以我确定一定要娶她。"梁朝伟从出道开始，身边出色的女星就不少，很难让人有安全感。

当记者问刘嘉玲：是否介意梁朝伟的花边新闻？刘嘉玲自信满满地回答："不介意，因为他是演员。"正因为如此理解，才会给对方绝对的自由，才会让梁朝伟可以出演自己喜欢的角色。

在刘嘉玲遭遇人生最大危机时，梁朝伟一直不离不弃。他甚至说："这个圈子这么复杂，我们离开吧，你想去哪里，我就陪你去哪里。"这就是建立在彼此充分信任的基础上发展出来的美好爱情。

在婚姻关系中，男人要的是感激、欣赏、崇拜，这个靠嘴巴就可以完成；女人要的是安全感、重视和爱。面对差异，夫妻关系最美好最动人的就是彼此顾念。彼此顾念就是：这不是我要的，但今天我知道了这是你想要的，我不问为什么，我知道了就愿意为你做。这不是要你什么都做，而是为满足对方心中最深层的渴望而做。丈夫看见妻子未满足的渴望，妻子看见丈夫未满足的渴望。而且要告诉彼此：原来他对你非常重要。你非常欣赏他的能力和为家庭的付出。

探索练习

评估你要改善的这段关系里，你给对方的安全感、价值感和重视感有多少分？制定一个改善方案。

告别婚姻中的假想敌

沐跟母亲、父亲一起找我做家庭个案辅导。沐的母亲是一个女强人，有着不服输的性格。母亲的童年经历很坎坷，从小就失去了双亲，自己与弟弟妹妹被亲戚收养。身为大姐的母亲主动承担起照顾弟弟妹妹的责任，因此很要强、不服输。父亲也是原生家庭中的长子，从小很好强。于是，女强人与男强人结合，针尖对麦芒。

这导致在沐成长的前20多年里，父母没少闹矛盾。母亲因为年幼失去父母，心灵深处有着极大的创伤，虽然外表坚强，但是事实上母亲内心非常敏感，有着强烈的被遗弃感、恐惧和焦虑。尽管父母争吵时双方都有做得不合适的地方，但是母亲的敏感和不安，以及思维上爱钻牛角尖，使她放大父亲的"敌意"和"恶意"，最终导致矛盾升级。

母亲的这种内心创伤不仅没被父亲看到，连身为儿子的沐也忽视了母亲的内心创伤。根据沐的回忆，每次和母亲闹矛盾的时候，彼此都充满怨言，沐抱怨母亲太敏感、太多事，而母亲则抱怨儿子和丈夫不理解、体谅自己。沐厌烦母亲的敏感多疑和无理取闹，盼着自己长大后远离家庭。

后来，父母矛盾升级，提出想要离婚。这让沐变得敏感、无助，只要家里有稍微大点儿的声音，比如父亲的咳嗽声、碗落在桌子上的响声、柜子门撞击柜体的声音，他就会想父母是不是又吵架了，会不会真的离婚了。这时候的沐甚至出现抑郁倾向，状态非常低落，无法安心工作，也担心父母单独相处会产生矛盾，更恐惧恋爱和婚姻。正因为儿子这种糟糕的变化，让父母有所顾忌，前来咨询。

通过初步了解，我想先辅导母亲解开多年的心结。母亲心灵深处有强烈的恐惧和焦虑感，童年经历所留下的被遗弃的创伤不断影响着她的性格及对外界的应对模式。通过脚本重塑，母亲终于卸下了盔甲，包裹多年的委屈化作了眼泪。父亲也哭了，他忍不住冲过去抱住母亲。沐也忍不住跟父母抱在一起。

母亲潜意识的情绪得到有效转化，整个人轻松了许多，而当父亲和儿子看到母亲情绪下的冰山时，他们也会努力学会更和谐的相处沟通方式，整个家庭的气氛就发生了翻天覆地的变化。

后来，沐给我发来信息反馈：让我印象最深刻的是，就在个案结束后，第二天我们在西湖旅游。在某个瞬间，我母亲突然就很自然地挽住了我父亲的胳膊，脸上是很放松很幸福的笑容。虽然不像年轻情侣那样你侬我侬的，但在我20多年的记忆里，以

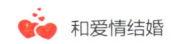

前从未见到他们这样甜蜜的时刻。当时看到这幅画面，我内心也感到前所未有的踏实，再也没有一丝的焦虑。当时我就这么看着他们，心甘情愿地吃了一拨狗粮。随后母亲也把我拉到身边挽着我，我记得很清楚，她很高兴地说了一句话："左边挽着老帅哥，右边挽着小帅哥。"看到母亲快乐，作为儿子真的很为她高兴，虽然我要经常出差，但已经不用再担心父母发生口角，因为即便有，他们自己也能很快调整好。现在我也有了对象，相信不久的未来，我也可以享受婚姻带给我的幸福。

有两种常见心理创伤，第一种称为遗弃创伤。遗弃创伤常常来自童年没有得到恰当的保护、照顾、拥抱、重视及支持。比如沐的母亲，她的经历使她心理上极度害怕被独自留下或者被忽视。但为了成长，她把这些伤痛和恐惧埋藏起来，使自己看上去非常坚强。

然而，沐的母亲在童年时留下的被遗弃感，使她内心产生了强烈的期待：希望有一个人能全心全意地呵护着她，最好是一刻不离地保护她。因此，当她进入亲密关系时，内心压抑的渴望被再度唤醒，也唤起了她曾经所有的恐惧。因为她害怕被遗弃，所以总是想要更靠近和更安全。如果丈夫经常出差或忙于应酬工作无法陪伴她，她就会很难过，会有各种猜疑和不安。

所以，沐的母亲小时候为了生存，锻炼了她的坚强和能干，但进入亲密关系后却变成了感情的依赖者。依赖者有一种偏见，总是在扫描恐惧——我是唯一的吗？我就想知道，我是不是他的唯一，你到底爱不爱我。他们会有各种怀疑，树立各种"假想敌",因为小时候有太多不安全,所以总是在扫描不安全。这就是内心创伤的投射。

第二种叫吞没性创伤。他们害怕被他人控制和侵犯他的自由。这种创伤通常是童年时父母在情感上过于依赖孩子或者对孩子过度照顾。这种状态下,孩子会被吞没,没有自我。比如说进他的房间不敲门;他做的一切都要经过大人的容许;当大人情绪上来的时候,愤怒的情绪完全就把他吞掉了;他不喜欢吃什么,大人却认为那个东西好,非强迫他吃。这种强制性的模式就是整个世界照顾者为"大",那个小孩很"小",你的"大"就把他的"小"给吞没掉了。再举一个比较普遍的例子:当一个孩子迟到了,老师让他站在门口。孩子刚开始站在门口的时候,自我感还在他的身体里,但是如果老师说"谁让你迟到的?你已经迟到多少次了?你给我站到那儿!",全班同学都看着他时,他的自我感、存在感就开始在他的身体里面越来越小,越来越小,然后就没了。这时他的身体里存在着什么呢?这时老师就变得无比的大,迟到的恐惧感和羞辱感就变得无比的大,而他的生命里自我的那部分却消失掉了,留下的就是权威和恐惧,对情景的恐惧。在心理学中,自我感消失被认为是最可怕的。

有过吞没创伤的人在关系上容易走极端,会进入反依赖的角色。他们需要对方,但不想太亲近,一旦太亲近,他们就会有压迫感,潜意识把对方想象成压迫他的假想敌。他们更倾向于既"在掌控之中",又有各自独立空间的亲密关系。

就像沐的父亲，之所以"在家的时间越来越少"，因为他需要空间，他害怕被妻子控制和侵犯他的自由。但是他又不想感到孤独，所以他希望寻找到与伴侣间的最佳距离，在这个距离中感到被爱但不会迷失，且不会被爱所窒息。

探索练习

被遗弃或者被吞没的创伤每个人都会有，只是深浅不同。觉察你内在的这些创伤是如何投射到关系里面的。

建立界限，走出令人窒息的依赖情结

当恋爱中感觉到安全时，我们内心所有未被满足的期待都会跳出来，所有压抑的情绪都会跑出来，很容易迷失在猜测与患得患失中。我们可以看到两种保护形式：一种形式是依赖，另一种是相反的一面——反依赖。当然一个人往往会同时拥有这两种人格，会依据对方的反应不断地切换。有过遗弃创伤的人经常扮演着依赖者的角色，关注着伴侣是如何未给予他们足够的爱、时间、关注等。他们常常是无意识地趋于苛求、让人窒息及变得有操纵欲来试图得到他们所需要的关爱。受过吞没创伤的人通常就进入了反依赖的角色，逃避这种令其窒息的掌控。然而，这两种人格却不可避免地会在关系上互相吸引。

小莉和阿刚就是这样一对恋人。小莉，几乎所有精力都聚焦在阿刚身上，而阿刚只有小部分精力放到小莉身上，大部分精力放在其他地方。

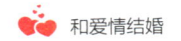

阿刚在关系以外有很多兴趣点，他需要自由，需要空间，需要独处的时间，需要有空间去做自己的事情。小莉很黏人，没有什么界限感。这让阿刚非常不舒服，甚至觉得小莉过度的依赖是一种负担，但他又很难对小莉说不，因为他觉得自己得负责。

所以，阿刚很矛盾，他需要感情，但又担心被困住，就像被困在美好的监狱里。他会担心，如果跟小莉太亲密，就必须花时间照顾她，这样他就没有自己的时间和自由。

阿刚很希望做自己想做的事情。所以他进入这段爱情，只能有限地进入，因为他害怕如果进入太深，就会没有自我。

小莉错误地认为：自己已经"拥有"了阿刚，"他是属于我的"。她很自然地以为自己可以向阿刚提出诸多要求，这份压力会使阿刚产生窒息感，于是内心深处产生反抗的动力，每当气愤时便会用抗拒的语言和态度捍卫自己的界限。阿刚的情绪越来越强，又不想和女友争吵浪费时间，直接就把情绪冻结了，显得有些冷漠。小莉感觉到被冷落时，内心生出深深的无力感，这种无力感会使她错误地以为需要加强控制对方的力量，结果阿刚就更惧怕被吞没，所以逃避得更厉害。这样发展下去，两个人的关系必将越来越紧张。

在这段关系里，小莉作为依赖者的力量总比反依赖的阿刚力量小，所以常常是阿刚在控制关系，决定这段关系的亲密度，而这会让没有安全感的小莉抓狂和愤怒，以至于可以完全失控。

小莉之所以如此依恋阿刚，是因为被遗弃的深刻伤痛转变成想要紧紧抓住另一个人的野蛮力量。这种表面的缠绵依恋和高度警惕下，隐藏了一种害怕被抛弃而变得神经质的焦虑不安。阿刚曾经体验到的所谓爱，常常是控制、吞没、过度保护。

要改变这段关系，两个人都要学习成长自己。首先依赖者要发展出独立自主的人格，建立内在的安全感，意识到一个人不能控制另一个人，尊重每个人的界限，给予伴侣独立的空间和自由。反依赖者也要学会有效沟通，建立界限不等于冷漠。真诚地告诉对方自己的感受和需求，增加面对冲突的智慧和勇气。这样，彼此就会通过关系共同成长。

有人说，婚姻中的两个人就像冬天彼此依偎的刺猬，由于怕冷，才会紧紧靠近对方，但是又害怕被对方身上的刺扎疼，所以总是若即若离。

在情感关系中，爱与需要是两回事。需要甚至是爱的反面。在情感关系中，最累的常常是我需要你按照我的方式对待我，我需要你，我想要你，所以把对方硬拉到身边。

一个即将出嫁的女孩问她的母亲，婚后应该怎样把握爱情？她的母亲从地上捧起一把沙子，女孩看见沙子在母亲的手里圆圆满满的，没有一点儿流失，没有一点儿撒落。母亲突然用力把双手握紧，沙子立刻从母亲的指缝间流下来，等母亲张开手的时候，手里的沙子已经所剩无几了。母亲是想告诉女儿：在生活中那些缺乏智慧的女子，总喜欢把男人当沙子，攥得越紧流得越多。有智慧的女子，把男人当风筝，悠然地牵着手中的线。越是想紧紧抓住自己的爱情，反而会容易失去自我，失去原则，失去彼此之间本来应该保持的宽容和谅解，爱情也会因此变得毫无美感。

探索练习

花一点儿时间检视你在关系中的惯性模式。你在关系中扮演的是依赖者还是反依赖者？还是两者在交替转换？

用对爱语表对情

婚姻普遍都经过这样的历程：在结婚前，一切都很美好，可是不知道为什么，结婚之后却越来越走样，彼此变得越来越冷淡。很多人认为这就是婚姻的常态，但我在多年的婚姻咨询工作中发现，很多伴侣并不是不爱对方，而是用错了方式，也就是"表错了情"，因为在对方的眼里那些方式根本不是爱。

每次讲两性亲密关系的课程，我都会提到美国的婚恋辅导专家盖瑞·查普曼博士总结出来的"爱的五种语言"。这五种爱的语言就是：

1. **肯定的语言**。多用欣赏、鼓励、温柔的表达方式，重点是让对方感到温暖、被感动或被激励。沟通的意义在于对方的回应，对方是否能感受到你的爱，关键要看对方听完你的话后的反应。

2. **高品质陪伴的时刻**。这里指的不只是简单的在一起，重点是注意力始终在对方身上，比如放下工作、手机，全身心地陪伴，聆听伴侣的心里话。组织家庭活动，比如散步、带孩子玩、野餐、购物等。

3. 精心的礼物。记住重要的日子比如结婚纪念日、对方生日，或者出差时给对方精心选一份礼物。当然"你的出现"也可以作为一份厚礼。

4. 提供服务行动。做对方需要你帮忙做的事，借着替对方做事来表达对他的爱，比如分担家务，买东西等。

5. 身体的接触。身体的触摸可以传达爱或者恨。表达爱的方式可以是牵手、拥抱、抚触、接吻、做爱等身体方面的接触。

在课堂上，我会一边讲解，一边与现场的学员互动，邀请大家举手回应哪一种爱的语言对自己最重要。如果伴侣在场，我会特别留意他们的区别。我发现很有趣的是，夫妻双方有共同的爱语比较少。大多数伴侣表示有不同的倾向，有人觉得"肯定的语言"很重要，需要对方明确地用语言告诉自己是被欣赏或被爱的，另一方却表示说很肉麻，而且表示对"花言巧语"反感。一些人则认为虽然自己也觉得"肯定的语言"重要，但是实在说不出口，很难为情，他们认为行动最实际，爱就是付出，为所爱的人做点儿实际的事情，但另一方却不认账，认为做事不是爱，你不做可以找其他人做。有人认为礼物重要，但另一方却认为浪费钱。有人认为爱就是深情的陪伴，另一方却说两个人你看着我，我看着你，很无聊……

每次现场都会因为伴侣间这些差异性的见解笑声不断，这个发现确实很有趣也很重要。如果另一半不了解甚至不认同我们所表达的爱语，我们确实会很受挫。我们在表达爱，但对方却感受不到爱，甚至是对方不喜欢的方式，对方就会怀疑是不是不爱自己。有些人了解了对方的爱语后却表示很为难，比如有位太太抱怨丈夫从来没有说过一句"我爱你"，我现场问丈夫愿不愿意说，这位丈夫在大家鼓励下多次欲言又止，最后憋得满脸通红还是没有说出来。他说："这不是废话吗？我不爱你怎么会娶你？你让我做什么都可以，但这三个字实在说不出口。"你会发现对理性的男人来说，表达柔情蜜意比登天还难。

最有意思的是，每次我解释"身体的接触"这一爱语时，我发现男性的反应特别开心，好像终于有人帮他们说出心里话了，而女性则会表示尴尬，因为她们会更羞于提到"性"话题。

有一些男性表示，每次碰妻子的身体，妻子都表示厌烦，甚至把他们推开，妻子"性冷淡"的表现，让他们感到很痛苦。妻子们的回应是：丈夫一天到晚在外面忙，很少陪伴家人，回来只管吃饭睡觉，压根不知道妻子在家忙里忙外的辛劳，更不会有暖心话。面对丈夫在床上的要求，她们的理由是身体已经很累，加上心里不爽，所以就会厌烦。

随着生活节奏越来越快，"性生活不和谐"的现象越来越普遍。我经常看到两个好人在一起，却无法获得幸福，这是很令人心痛的事情。我国不少女性排斥"性爱"，一个原因是和"性"的羞耻感有关；另一个更深层的原因是跟童年经历有关，比如原生家庭有重男轻女思想，或经常被打，或父母很少拥抱抚摸孩子，长大后，她们的潜意识里对身体接触会有排斥感

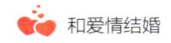

甚至厌恶感。

对有过这些童年伤害的女性来说，"肯定的语言""高品质的陪伴时刻"或丈夫的"服务行动"可能就变得更重要了。妻子感觉到丈夫的温暖和爱意后，伤口就会逐渐得到疗愈。一位妻子说得很直接："如果你的丈夫不爱你，即使拥有金山银山又有什么用？丈夫整天对你不理不睬，竟然还要跟他上床，你不觉得很厌烦吗？"这句话背后的意思是：如果丈夫花点儿心思陪伴我，和我聊聊天，我就能感受到爱。其实妻子并不是厌恶性生活，她只是渴望得到丈夫的爱。相比偏于理性的男性，女性更在乎"感觉"，在有"感觉"的前提下才能愉悦地接受性爱，没有"感觉"的性爱就变成了被索取，她会抵触或只是在应付而不是愉悦地接受。

当然具体情况还是因人而异的。我接触过一位中年事业型的女士，她很反感他先生"一把年纪还老是想要（性生活）"。后来我了解她的丈夫是一个很细心的男人，做得一手好菜，而且帅气又有才。可是在太太眼里这些都不值一提，她只希望丈夫实际一点儿，"有本事就多赚钱"，这样她才会觉得丈夫是爱她的。当然，她这样的评价让丈夫感到挺挫败，丈夫的付出不但没有得到欣赏和认可，还换来打击，他说：性生活是夫妻之间最重要的部分，如果连这个最基本的需求都得不到满足，他觉得人生根本没有乐趣，也没有了动力。

当然随着女性越来越独立自主，不少女性认为钱并不是最重要的，钱和物质都是身外之物，她们更希望丈夫可以平衡花在事业上与家庭中的时间，抽时间陪陪孩子，重点是可以放下手机，全身心地投入，而不是人在心不在。一家人其乐融融的氛围会让她们感觉很温暖。

看到这里，相信大家都会明白，婚姻里只有爱还不够，还要有智慧地爱。只有理解对方爱的语言，我们才能智慧地在对方的情感账户里"存款"，对方才会有被爱的感受。我国有句老话："没有关系，就什么都有关系；有了关系，就什么都没关系。"事实也证明，如果我们能有效地向情感爱箱里存款，建立关系的安全感，就能更有效地处理冲突，发展梦寐以求的亲密情感。

探索练习

通过观察或沟通，了解彼此的爱语，并制订给情感账户"存款"的计划。

性和谐,深度调节感情的温度

能够造成两个人之间感情破裂的原因有很多。不过不少人还是把性放在了第一位。

性在婚姻中到底有多重要?尽管每对夫妻对这个问题的回答是不一样的,但总体来说,和谐的性生活,可以深度调节感情的温度。

性生活虽然不是婚姻的全部,但却是婚姻不可缺少的一部分。在婚姻里最大的挑战就是女人不了解男人的性需求,而了解的女人却不懂关心男人的性需求。对一个健康的男人来说,最大的满足是心理和情绪上的,他们会觉得自己的爱人在性生活中获得享受的愉悦很重要,可以证明自己有能力让爱人得到满足。这会让他们在心理和情绪上获得极大的满足感,因为这让他们觉得自己是个真正的男人。

在婚姻中,水乳交融一样的性生活会增进彼此的感情,让彼此的相处更和谐。

现在越来越多的夫妻离婚的原因是不和谐的性生活。性是连接男女心灵的桥梁，和谐的性生活令彼此产生了很深的情感，留下了不可磨灭的印记。罗洛·梅（Rollo May）在他的经典著作《爱与意志》（Love and Will）中把性爱描述为"可以想象出来的、最有力的体现联结的方式。"

性生活和谐，也会让伴侣更忠诚，会让彼此越来越在意对方。假如夫妻的性生活不是那么和谐了，最容易出现的问题就是第三者加入，这也是破坏家庭的罪魁祸首。如果夫妻两个人如胶似漆，感情固若金汤，那么小三、小四想入侵也是不可能的，因为和谐的性生活就是抵挡他们最佳的"尚方宝剑"。

有科学研究表明，性生活还可以治疗失眠多梦，让女人的心情更加愉悦，而长期拥有和谐的性生活的女人皮肤光滑细嫩，气色就如盛开的玫瑰一样红润，比那些性生活不是很和谐的女人看起来更年轻，更韵味十足。优质的性生活会让男人精力更加充沛，而且还能让男人的脾气更加温和。

两个人的肉体和心灵都在一起了，自然这个家就会充满温馨和爱，不管做什么，夫妻同心，事业更容易成功。

所以不要小看性生活，唯有优质的性生活才可以让家更加完美，夫妻感情更和谐。毕竟组成一个家庭很不容易，如果双方对彼此的性能力不是特别满意，就要坦诚地沟通和交流，而不要选择分房而睡，因为那样只会让两个人的心越来越远，对你们的婚姻造成致命的打击。

和谐的性生活，要注意做到"三要三不要"：

一要有情趣。罗曼蒂克的气氛有助于酝酿情绪，帮助大家更好进入状态。比如手机要静音，播放大家喜欢的有情调的背景音乐，妻子可以穿着性感的内衣。丈夫前戏阶段要有足够的耐心。一些夫妻重性爱轻情爱，如果男人过于单刀直入，忽略女人需要爱抚唤醒性欲，结果是女人性爱体验较差。在性生活中，男人要高度重视对伴侣的爱抚，否则久而久之，伴侣会出现性冷淡。

二要用心投入当下的体验。在做爱的过程中，应该带着感受和激情融入性爱之中，全然享受当下，感受对方的想法，温柔地告诉对方自己的感受，双方积极配合创造出触及灵魂的性爱体验。性爱的过程不仅是简单的释放，还有两个灵魂的瞬间融合，这才是终极的亲密感。

三要及时肯定。不回应其实是间接的否定，对方不知道做得好不好。所以当对方的行为令你有感觉的时候，你要及时感激并做出肯定的回应，肯定的话语可以令对方更加放松并投入，双方超越身体的吸引而进入心灵深处的结合。

性生活中切忌以下三点：

一不要在性生活时想着其他话题。一边做爱一边想着其他事情，这时候身心是失联的状态，你们的身体在一起，但是心并没有，亲密也就无从谈起了。所以即便是很丰富的性爱动作，如果心灵没有联结，结果也不会让人满意。

二不要以性生活为交换条件。有些女人把性生活当成一种筹码，丈夫想过性生活得讲点儿条件。她们没有想到这种有条件的爱会令对方感受不到你真正的爱意，以至于失去心灵的联结。男人刚开始可能会答应，一旦女人习以为常，男人就会逐渐失去热情，要么有意回避性生活，要么到外面寻找刺激。

三不要打击对方，更不能嘲笑和羞辱。千万不要嘲笑对方的身材！当对方没有进入理想状态的时候，千万不要否定打击，特别是男人！否定男人的性能力等于杀了他！他会找机会去证明自己是可以的，所以你的羞辱等于把他从你身边推开，把机会给了别的女人。

男女在一起的时候，缺少了性就会变得寸步难行，甚至想要逃离彼此。这不是彼此不够相爱，而是彼此在反抗自然规律，性是人的本性，需要顺其自然。多关注对方的想法，不要让性成为彼此最难以逾越的障碍！

探索练习

在性生活中有一些误区吗？和你的伴侣探讨一下，了解双方在性生活方面的需求，并为提升彼此的满意度做一些努力。

出现婚外情还可以挽救吗

美国耶鲁大学心理学家斯多伯格提出的爱情理论，认为爱情由三个基本成分组成：激情、亲密和承诺。

激情是性欲成分，是情绪上的着迷。个人外表和内在的魅力是影响激情的重要因素。

亲密是情感的交流和温暖体验，是两个人心理上互相喜欢的感觉，包括对爱人的赞赏、照顾。

承诺是对关系的付出和责任，是爱情中最理性的部分，见图4-1。

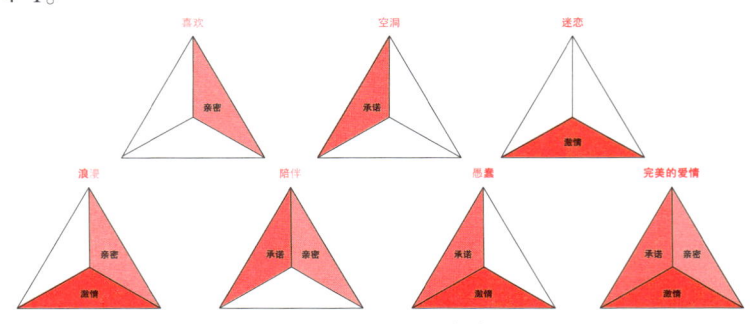

图4-1 斯多伯格的爱情理论

斯多伯格把这三个部分解构成了喜欢式爱情、空洞式爱情、迷恋式爱情、浪漫式爱情、陪伴式爱情、愚蠢式爱情、完美的爱情七种状态。

1. 喜欢式爱情

这种关系只有亲密。彼此在一起感觉很舒服，也很信任，但是觉得缺少激情，也不一定愿意厮守终生。没有激情和承诺，纯粹的知己朋友。显然，友谊并不是爱情，喜欢并不等于爱情。就如赫本和纪梵希是无话不谈的好朋友，赫本一生有三段婚姻，纪梵希"爱"了赫本一生，却以朋友的身份终生未娶。赫本去世前，留给这个陪伴自己大半生的朋友一件大衣，她对他说："当你觉得孤独，穿上这件大衣，就像我紧紧拥抱着你。"

不过友谊还是有可能发展成爱情的，尽管有人因为恋爱不成连友谊都丢了。

2. 空洞式爱情

空洞式爱情只有承诺，缺乏亲密和激情。这令我想起心理学家巴里·温霍尔德在《依赖共生》里阐述的一种乍看是爱情，实际是"自欺欺人"的关系——"依赖共生"关系，即"依赖对方对自己的依赖"，强制进行关心和照顾以体现自己的价值感。他们的关系看似稳固，很难分开，但实际上是一种假性的亲密关系。他们内心有很多无奈，无法体验到真正的亲密和爱。巴里指出，依赖共生在成年人中的比例大约占到98%。

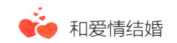

3. 迷恋式爱情

迷恋式爱情只有激情体验，认为对方有强烈吸引力。除此之外，对对方了解不多，也没有想过将来。只有激情，没有亲密和承诺。当年中学的政治老师为我们上了一堂如何正确谈恋爱的课，就在课堂上放了《现代爱情故事》这首歌："别离没有对错/要走也解释不多/现在说永远 已经很傻/随着那一宵去 火花已消逝/不可能付出一生 那么多……"当年年少轻狂的我们，还不明白老师的用心良苦，现在回忆这首歌确实是毁三观！年轻时的恋爱总是充满了激情，却少了成熟与稳重，是一种受到本能牵引的青涩爱情，确实需要正确指引。

4. 浪漫式爱情

浪漫式爱情有亲密关系和激情体验，没有承诺。这种"爱情"崇尚过程，不在乎结果，通常这种关系很难走远。比较典型的台湾某艺人相继换了18个男朋友，每段感情都极其投入，可每段都是无疾而终。

5. 陪伴式爱情

陪伴式爱情有亲密关系和承诺，缺乏激情。这是绝大多数人认可的幸福状态，随着荷尔蒙的退去而回归"常态"。

6. 愚蠢式爱情

愚蠢式爱情只有激情和承诺，没有亲密关系。很多人认为亲密是关于性，但亲密是关于真实和信任。当你意识到你可以告诉对方真话，当你可以向对方展示真实的你，当你站在对方面前而他们的反应是"你和我在一起是安全的"，这就是亲密。

所以，没有信任为基础的激情最多是生理上的冲动，而没有亲密为前提的承诺不过是空头支票。

7. 完美的爱情

完美的爱情同时具备三要素，包含激情、承诺和亲密。

斯多伯格在前六种爱情前面都加了一个"式"字，因为在他看来，前面列举的六种爱情在本质上都并不是爱情，只有第七种才是爱情。我们在现实生活中碰到的没有成熟的爱情和类爱情的情形实在太多了，以致把具备三要素的爱情基本当作是一种超现实的完美状态。

虽然斯多伯格把具备三要素的爱情定义为"完美的爱情"，但是建立一段稳定、持续的爱情需要恋爱双方耗尽一生的精力去培育和呵护，那是一项贯穿人生的浩大工程。

他提出的"爱情三角理论"可以供我们反思，而婚姻比爱情涉及得更多。比如婚姻不同的阶段会突出不同的需求，不同文化背景及价值观的差异，需求也是不同的。适合自己脚的鞋，才是最好的鞋。在过去物资匮乏的年代，婚姻里需要更多的担当和责任。然而，随着经济的发展，解决了生存问题后，越来越多的人在情感及精神的满足上有了更高的需求，于是婚外情及离婚的现象也开始越来越多了。

下面这个案例很有代表性。我们可以借助案例来看婚外情现象给婚姻造成的影响。

妻子自述：如果你是一个已婚已育的男人，发现你的妻子有婚外情，你会怎么办？你的婚姻会何去何从？

若你是女人，被老公想方设法追查到行踪、被发现有外遇……而后经历过疯狂，也冷静过，但更多的是消极、颓废和敌对……你觉得婚姻还有救吗？

这种状态下的婚姻，两个人若能继续相爱到白头，我觉得是奇迹！

是的，可能你已经猜到，前面提到的男人和女人就是我的先生和我。

两年前，我因外遇被老公（A先生）发现，婚姻亮起红灯。

冷静时，双方理智地聊过，也一起喝酒买醉，一起抽烟（没有烟瘾的我会一根接着一根地烧着），而更多的是冷战或争吵。曾经在黑夜里，A先生突然闯进房间、掐住我的脖子，或是在路上开着车，他突然打方向盘，想要一脚油门踩到底与我同归于尽……那段日子里的我消极、颓废、失眠，完全看不到婚姻继续下去的希望。

那就离婚吧，离开疯狂、有些变态和病态的A先生，离开那地狱般折磨我的身心和意志的生活！

由于孩子即将参加人生中一场重要的考试，为不影响孩子考试，以及部分财产变现的原因，我们的离婚拖延了。这期间，A先生通过手机设置，我被随时定位。我和A先生各自去过这个城市著名的精神病院，在医生的安排下服药治疗，A先生被诊断为抑郁症，我被诊断为狂躁症。我服用着医生说的情绪稳定剂，一天天活在混沌中，有时甚至找不到活着的意义……

丈夫自述：在确定妻子再次出轨的那一刻，我是窒息的。

我原以为第一次婚外情事件之后，我们都明白了自己是爱着对方的，明白了自己想要的生活。我们都认真负责地做出了继续在一起的选择，我原以为一切都会慢慢回到正常轨道上。但没想到我的原谅和宽容，换来的是他们更加隐秘的联系和见面。一种巨大的被欺骗感、被玩弄感席卷全身。

我开始怀疑我们过往的感情，怀疑过去那些自感幸福开心的日子，是否都是一场假象。我开始感到愤怒，我恨她对我情感的欺骗，恨她掐灭我的幸福，毁灭我们的家庭。特别是在后面的沟通对话中，她关于他们的交往情况闭口不谈，我觉得她毫无坦诚，更是出奇地愤怒。同时，又非常痛心，痛心我的爱情，心疼我们的孩子。

我不明白我们的感情在一个千里之外的男人面前为何这么不堪一击。她甘愿冒着丢掉我们十几年的感情，抛弃她的孩子，拆散这个家的风险继续着这段隐秘的婚外恋。

面对她的挽留，我真的不明白她要的是什么，还是什么都想

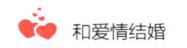

要,她内心在想些什么。我有太多的迷惑和不解,我看不懂她,看不懂男女,看不懂人生。

我迷失在她的恳求里,不忍心失去她,担心、忧虑着孩子们的不健康成长和未来。我时而愤怒,时而怜悯,时而决绝,时而彷徨,时而恐惧,时而自责。我不知道后面的人生要怎么走了。我不明白生活的意义,失去了对生活的兴趣,整天无精打采,借酒消愁。我晚上开始失眠,常常睁眼到天亮。在那段痛苦折腾的日子里,我意识到我抑郁了。我觉得我需要自救了。我去找心理医生,原本想找到一些答案和出口,但医生除了开出抗抑郁药和寥寥几句的病情问诊,再无其他了。服用过几个疗程的药,因为副作用换过两种药,除了感觉偶尔有点儿效果外,我并没有找到答案和解药。

日子还是在与她的争吵和拉扯中一天天过去,我濒临崩溃。

在婚姻生活中,绝大多数人追求性的专一,专一会给婚姻的双方很大程度的安全感。一旦出现婚外情,另一方就感觉背叛,这段婚姻就面临最严重的威胁。加上古今中外社会舆论对婚外情从不停歇的道德挞伐,婚外情一直以来都是被诟病的。

几年前,加拿大一份名为《离婚》(*Divorce*)的期刊显示,世界上约有45%~50%的已婚女人和50%~60%的已婚男人曾有过出轨的行为。因为是抽样调查,不能尽信,但也可以想象这是一个较为普遍的现象。

究其原因,著名的马斯洛需求层次理论可以更深刻地解释这一现象。他分析人的需求从低到高依次为生存、安全、社交、尊重和自我实现这五种需求。通俗地理解就是，假如一个人同时缺乏食物、安全、爱和尊重，他对食物的需求是最强烈的，因为此时人的意识几乎全被饥饿所占据，所有能量都被用来获取食物。在这种极端情况下，人生的全部意义就是吃饱，其他什么都不重要。只有人从生理需要的控制下解放出来，才可能出现更高级的、社会化程度更高的需要——爱和尊重的需要。

现在很多离婚或婚外情的起因是在**婚姻中得不到爱和尊重，其中性生活得不到满足又是至关重要的因素。**

我国夫妻交流性体验是很少的，因为羞于启齿，潜意识觉得这是"不正经"。其实对于和谐的夫妻关系而言，主动谈论性和金钱支配或教育子女的话题是同样重要的。

在我的婚姻咨询生涯里，我发现女人不会撒娇，男人不会浪漫，这是很普遍的。他们都是尽职尽责的好爸爸好妈妈，甚至是事业上的好搭档，但他们不是彼此的好情侣。

所以，**发生婚外情，意味着关系中有些部分失去了平衡。**

一般情况下，男人婚外情被发现以后，往往会抱怨妻子做得不够好、不够体贴或家庭没有温暖；如果是女人的婚外情暴露了，更多地是自责并力图挽回婚姻。

在婚姻不同的阶段，我们需要注入不同的元素，如何在渴望和满足的层面做到平衡，需要双方具备及时沟通，以及自我调整的能力。

案例中的妻子在婚姻中出现婚外情时，给丈夫造成了很猛烈的心灵撞击，关系也变得支离破碎，充满绝望。如果要挽回感情和婚姻，千万不能给对方贴上"坏妈妈""坏妻子"甚至"渣"的致命标签。作为咨询师，要放下评判，从中立的角度看待婚姻的变故，除了必要的共情，还要让他们意识到不是某一方的问题，而是双方都有责任。因此，挽救婚姻的危机，首先双方要共同努力并具有改变的意愿，只有单方面的改变是无法真正使"生病"的婚姻获得重生的。

在咨询中，我了解到妻子的出轨行为源自两个大动力：原生家庭的恶劣环境和丈夫的反推动。妻子的父母对其要求严格，而且对情感的关怀非常欠缺，这导致妻子非常缺爱，并从小就产生很强的叛逆心理。丈夫记忆中的父母一生都是全力以赴为了养家，照顾几个儿女。父亲忙着赚钱，母亲忙着照顾家人的起居，家人之间很少有情感互动。丈夫继承了原生家庭的价值观，忙于工作赚钱，从而忽略了妻子的情感需求，妻子内心情感的"荒漠"不断延伸扩大。若要疗愈这段婚姻的创伤，双方都要看到自身的问题和对方的不易，妻子要有发自内心的歉意，丈夫也要有原谅的勇气。

夫妻二人通过学习、觉察及转化，逐渐由受害者成长为责任者，也因此拥有更多经营幸福的智慧和能力。两个人定期放下手中的工作，留出时间共同出去学习，谈心聊天，或者旅游散心，创造一些浪漫时光，彼此欣赏肯定，更多尊重，通过良性互动让婚姻保持新鲜与活力。

妻子：持续跟随少芬老师学习后，我鼓起勇气给丈夫发了条信息，其中谈到因我的行为对他、对孩子、对家庭造成的影响……记得他当时回复我：一年多来，才刚刚感受到我真诚的道歉。

通过学习，我在调整自己。我将"自己也是受害者"的角色调整到责任者，为自己的行为和给家人带去的负面影响承担全部的负责，也愿意为自己的婚姻积极努力，一切先从改变自己开始！

我的转变，丈夫是能感受到的。后来，我们夫妻同修，一起参加了少芬老师的课程。在学习的现场看到很多因原生家庭问题带给孩子创伤的个案，也了解到每个人未被疗愈的心理创伤都会通过孩子传承下去。

私下里，我对丈夫说：我犯下的错误，我负责为这段婚姻疗伤，不再传给我们的孩子。

随着我们的学习和成长，我们做出决定：跟着老师持续地、系统地学习所有课程，立志在未来的日子里，不仅是人生伴侣，还要成为彼此的灵魂伴侣。

其实，很多家庭走着走着浑然不知已去到"一念地狱，一念天堂"的悬崖边上。然后，重启幸福的密钥一直留存在我们的内心，是否启动完全由自己决定。

现在的我有时对先生也会有情绪，也会偶有冲突，但每次冲突后，我们会交流。我会反省自己负面情绪的背后，内心又发生了什么。曾经的我以为自己的想法就是真相，待人处事会加入很多自己的臆断。现在的我会有意识地不断训练自己的思维，在心中有想法时选择和先生做一致性沟通，彼此开诚布公地谈谈所想和探讨更好的做法。

太阳依旧灿烂，地球继续转动，生活也仍在继续……通过这大半年的学习，比起之前的日子，我内心的天空晴朗了很多。

丈夫：我开始试着理解妻子的原生家庭，理解她童年受到的伤害和经历，反观我自己的原生家庭和童年经历，也反思自己的语言、行为和家庭沟通模式。

我和妻子是彼此的初恋。两个从各自原生家庭里走出来，未经雕琢和改进的人，就这样组成了一个小家庭。不同的理念、不同的观点、不同的情绪表达方式，时时刻刻碰撞着。

记忆中，我的爸爸妈妈一生都是全力以赴为了我们这个家，特别是我们几个孩子。爸爸一直忙碌着自己的生意，以求让我们一家的日子蒸蒸日上。妈妈主要操劳着一家六口人的日常起居，让我们衣食无忧。忙碌的他们平时对我们几兄妹给予的关注不会特别细致，也不会有很多的情感互动，但温馨和关爱的时刻也不会缺少。我很庆幸有这样勤劳善良的父母和几个和谐友爱的兄弟姐妹。

我一直没有找到我的原生家庭明显的问题。直到那天老师分别与我和妻子就"性"的议题做了深入辅导，我犹如醍醐灌顶。老师用"客气"来形容我的原生家庭关系。虽然很少有爸妈争吵的记忆，但我无法回想起他们亲密的任何一个片刻。他们交流的话题永远都是事情和孩子，偶尔言语中会带着对对方的一些不满和情绪，当然因为我母亲更多的忍让、包容，以及双方的克制没有发展成争吵。

或许这让我没有学会如何表达亲密的行为，特别是无法从仅有的一段恋爱中去学习和总结。没有理解妻子的感受和思维方式，加上不懂如何表达亲密行为，让两个人的情感慢慢走入危机。对于情感不那么敏感甚至是有点儿木讷的我，一直都没有发现这个危机，直至感受到妻子明显的变化才有所察觉。

我虽然会在妻子闹情绪的时候哄哄她以度过危机，但并没有改变我的那些信念和认识。我们是在表面矛盾消除的情况下，继续"我以为我是对的"地一起生活着。我继续为了将来的事业需要，周末进修充电，为了扩大交际圈，常常在外觥筹交错、推杯换盏。

那时我以为，一个男人不能只有家庭，也必须有事业；我以为我空余的时间基本上都是在陪着她和孩子，她应该满足了。我以为我的努力和辛苦，她应该能看到和认同；我以为我对她感情的坚定，她能感受到；我以为我犯错误或茫然无知的时候，她会理解和无条件接纳；我以为她对我钱财的管理是一种财务控制和不信任，她需要改变……在生活中，太多的"我以为我是对的"，而且经常"我要证明我是对的"。

我没有看到妻子的情感需要，她需要被爱的感觉，需要一种被信任、被重视的感觉，而不是那些"我认为"的道理说教和谈判。上过少芬老师的课之后，我才明白"被看见，被重视"是每个人的需求，不论你是孩子、女人，还是男人。男人虽然会有感受,但基本会被理性的思维驱动,但女人很多是凭着这些感受和感觉在行动。情感在家中没有得到满足,自然在合适的时机会在家外寻求。

人寻求变化都是从不满意开始的,情感的不满足或性的不满足都可能导致另一方向外求。或许婚姻并没有恶化到要分手,婚姻能提供社会身份的需求和稳定,婚外恋情能找到爱和被重视的感觉,于是婚姻和婚外恋情同时存在。这应该是大部分婚外情的实际状态,直到一方被发现或平衡被打破。

现在通过我们共同的学习,我也看到了妻子的巨大改变。她开始认真回归这个家,悉心照料孩子们的生活,注意沟通的方式,多了包容和接纳,有勇气妥善处理和她父母的关系,从没有觉知的阶段到有觉知。我和妻子将携手共修,提升我们经营幸福的能力。

从上面的案例中不难看出,如果说"激情、亲密和承诺"三个要素构成完美爱情,那么现今成熟的婚姻就是"爱情、责任和精神成长"的综合体。

若希望有一段好的婚姻,就需要发展出面对婚姻出现各种挑战的能力。所有行为都是潜意识驱动下的结果,只要还活在过去的惯性模式里,即使换了一个人,关系还是会朝着原来的方向发展。所以,只有持续的成长,才能带着觉知去应对婚姻的难题和考验,每个渴望幸福的人终究都要走上自我成长之路,与跟谁在一起无关。

探索练习

根据爱情理论"激情、亲密和承诺",或成熟的婚姻"爱情、责任和精神成长"的要素,你现在的关系处于哪种状态?有没有及时发现缺失部分带来的问题?你有什么调整计划?

共同成长，谈一段永不谢幕的恋爱

两个人之所以能够走在一起，一定是因为你们之间有相同的部分。你们在某些部分上是有所共鸣的，所以容易同频共振，心有灵犀。比如当你看到这本书的时候，我们都是带着对美好关系的憧憬，对自我探索和自我成长有渴望的。

任何两个人都会有相同的部分，也都会有不同的部分。完全平行，毫无交集，那也不会有碰撞和火花了。火花会令人产生激情，因此有了爱情和新生命。火花也会产生摩擦和冲突，很多人因为不懂得如何处理差异而分手，冠其名曰"性格不合"。关于离婚，我们需要认真思考的问题是：有离婚的想法很正常。但你必须认清一个事实：这个世界上，不存在没有问题的婚姻。

幸福的婚姻不是一帆风顺的，没有经历的婚姻犹如白开水般寡淡无味。所以弥足珍贵的婚姻是一起患难，一起快乐，一起犯错，又一起原谅。

倘若伴侣跟你所有的观点一样，那你们就会止步于此。彼此的差异，也是吸引我们的地方，会带给我们不同的思考、冲击和成长。我们可以带着好奇，学习如何理解并处理这份差异，比如爱的语言、彼此的先天气质、原生家庭背景和不同的心理需求。因为差异令我们懂得更多，令我们的生命更完整。

事实上，爱一个人，就要学会接受他原本的样子，允许他以自己的方式成长。同时，我们也要适当做出妥协，改变自己来满足伴侣的期望。看到并欣赏伴侣的优点，不去控制对方，不强求对方改变，婚姻关系才会和谐幸福。

婚姻破裂的两大终极原因，不过是相拥却不懂相爱，相爱却不懂相处。因此，不要因为拥有了彼此就失去了成长自己的动力，不要因为对方有爱意就放任自己的坏脾气。

要相信，无论婚姻出现什么问题，只要用良好的状态积极面对，很多问题都能够迎刃而解。不要总是强化一个人的问题，挽救婚姻最好的方式就是把"问题"当成彼此成长的阶梯，学习透过表象看本质，找到问题真正的根源，找到差异，用求同存异的态度包容差异，积极化解。双方一起成长，但要试着朝向同一个方向，一起改变，要试着不让对方害怕，像朋友一样互相鼓励，让婚姻焕发源源不断的生机。

婚姻的目的是双方共同成长和发展，意味着要摒弃狭隘的小我，把共同成长视为自己的责任。每对能走到最后的夫妻，靠的是彼此扶持，互相取暖，同舟共济。把婚姻当成一次自我成长的机会，由对彼此狭隘的小爱，发展为彼此包容的大爱，婚姻中的恋爱就会永不谢幕。

探索练习

列出你和另一半相近的部分（性格、兴趣爱好等），列出你们不同的部分。想一想不同的部分可以带给你哪些学习点？

第五章

让关系在爱中升华

和　　爱　　情　　结　　婚

幸福是一种选择,
而非结果。
没有东西可以使你幸福,
直到你选择幸福。
没有人可以使你幸福,
除非你决定要幸福。
幸福不会奔你而来,
它只会从你的心中生起。

——本书作者

爱自己，是终身浪漫的开始

如果你在婚姻中，想要爱却不懂爱，

如果你在恋爱中，想要爱却不敢爱，

如果你捧着一颗心，却找不到爱，

那么请先爱上你自己吧。

小时候，因为我们内心对父母爱的渴望经常得不到满足，于是内心隐藏着敏感和脆弱，如同一个没有长大的孩子。等到成年后，一旦遇到压力和挫折，就很容易被这个"内在小孩"接管，沉浸于痛苦中，闹情绪、逃避、无力面对，造成关系的挣扎和痛苦。

孩子是没有勇气和智慧来面对外界的冲突的。但当我们意识到自己已经长大成人，有足够成熟的心智时，就可以尝试着学习做自己的理想父母，安慰、鼓励我们的"内在小孩"，就像对自己的孩子一样疼惜。在我们持续这样做，"内在小孩"逐渐得到疗愈后，我们内在的爱与喜悦、安全感、自信等美好的特质就会喷薄而出。这时候，我们就拥有更强大的能力去创造美好的生活。

文先生夫妻二人都受过良好的教育，也有收入颇丰的工作。一个本该美满的家庭却不知从什么时候开始"生病"了。他和妻子一言不合就吵架、针锋相对，导致夫妻关系冷若冰霜，父女关系剑拔弩张。面对妻子，自己永远有发泄不完的愤怒，于是无休无止地争吵，为孩子争吵、为家庭琐事争吵，不吵的时候多半是在冷战，而孩子只要见到自己回家就像老鼠见到猫，紧紧张张，不敢出大气。这如同一个不断重复的噩梦，时常困扰着他的生活。

十多年前就获得国家二级心理咨询师资格的他，感到自己的心"生病"了。他知道自己的愤怒情绪跟他的成长经历有关，但他不清楚问题的根源在哪里。在情绪管理课上，他申请做了个关于愤怒管理的深度个案。

经过辅导，我陪他看到了一个压抑、委屈的"内在小孩"。文先生读中学的时候父亲突然身故，这对他是一个沉重的打击。母亲一个人艰难地带着三个儿子，脾气暴躁的哥哥经常打弟弟（文先生），甚至恶作剧地把他关在猪圈里，导致童年的文先生一直生活在恐惧不安中，受委屈了不敢哭、不敢闹，于是愤怒、恐惧、无助与挣扎深深扎在他的心里。我引导他连接"内在的小孩"，那一瞬间，他震撼了。他清晰地听到内心那个委屈的小孩发出的愤怒又害怕的声音：你为什么要打我？你为什么要这样欺负我？我很愤怒，你凭什么？你是我哥又怎样？老天爷，你为什么这样对我？爸爸，你为什么要离开我？为什么？我好孤独，我没有人爱，只有自己靠自己……

平时非常理智的文先生泪流满面，完全进入了封闭已久的内心世界。我引导他闭上眼睛，对内心的受伤小孩说："我看见你了，看到你的受伤和渴望。我现在已经45岁了，现在很强壮。再也没有人能欺负你了，你放心，我可以保护你，甚至可以学习做你最好的朋友，理解你和陪伴你……"

成长经历形成的受伤、愤怒、孤独的内在，让他内心形成一个缺爱的坑洞。争吵实际上是爱的呼唤，希望妻子能给予他缺失的尊重和爱的滋养。个案结束后，我邀请他每天用"内在父母"的角度写一篇与"内在小孩"对话的成长日记，目的是把"失联"多年的心重新找回来，并且做持续的自我疗愈。

文先生说，个案之后，他每天都沉浸在自我对话、自我思考之中。以下是文先生分享的一篇成长日记。

走出机场打车，排到一辆红色出租车。在上海，红色出租车是20世纪90年代，政府为了鼓励私人投资开出租车而特别给的政策。这些司机因为是自己的车，基本不受什么约束。他们的相对收入在逐年下滑。所以，这批司机很多人心态不好，纠纷发生率很高。

一上车，司机粗声粗气地问：去哪里？

我平静地说了地址，问他：你知道怎么走吗？

司机没出声，半分钟后，直接开始了绕路模式。

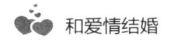

"儿子"（我的内在小孩）有点儿轻微愤怒，我赶紧半开玩笑地说：不要这样走，你是老司机了，对吧？

司机这回耳朵倒很尖，立刻转回了正常路线。

也许是好多次乘坐红车的不悦经历吧，"儿子"还有点儿情绪。这正好是与"儿子"沟通情绪的好机会啊！于是我赶紧进行内部对话。

1. 首先，我知道你想帮爸爸（现在的我）应对这件事，所以你愤怒了，感谢你在过去一直用这种方法帮助我。

2. 今天的我已经有足够的能力处理这件事情了，所以请放心，不愤怒可能会更好地帮助爸爸冷静处理事情。

3. 今后，如果遇到超出我能力的事情，我还会需要你的帮助来提升能力，可能是轻微的焦虑，最好不用愤怒。

4. 这个不是多大的事情，最多也就是多绕30元钱的事情。你的志向不在于此，当你关注了大事情，有所忽略小事情也在所难免。所以，即便遇到这样的事情而没有处理好，我们也不需要愤怒，因为你快乐对我很重要。

5. 这个司机他没有足够的能力，他的道德平衡点低是他自己的事情，而我们需要理解这部分人。

聊着聊着，"儿子"和我都慢慢开心起来。

快到家了，司机打开了导航，我心中多了些理解，上海太大了，很难记住那么多地方。我体谅地对司机说：我来领路吧，不需要用导航了。顺利到家，车费52元，付了102元，要发票，司机手里攥着一张50元，把发票递给了我。

收好发票，猛然想起，那个50元，司机居然没给我。我赶紧要回来一张被攥得皱巴巴的50元，下车回家。

这世界确实有不同的人，而我们生活在其中，接受现状，保护自己也是人生的必修课。

这个过程，我关注到了"儿子"的感受，有点儿愤怒和担心，这种轻微的情绪保护了我。我知道"儿子"很擅长这个。

我看到"儿子"在成长，内心充满喜悦。

在婚姻里，许多人往往只是身体上结婚，而心灵依然是单身。要拥有一段琴瑟和鸣的婚姻，我们先要和自己的心灵结婚，学习如何爱自己，然后才是两颗心的结婚，互相关爱和懂得。这大概便是理想的"灵魂伴侣"了。

我们的"内在小孩"最大的特征就是恐惧。在日常生活中，我们的恐惧幻化成愤怒、羞愧、悲伤、自卑、退缩等不同的负面情绪。当失去觉察力的时候，我们就会卷入情绪当中，而不知道其实是被曾经受过伤的"内在小孩"所触动的。所以，疗愈的过程，先要从认出自己内在那个受伤的"小孩"开始，并且学习去关爱他，这才是爱自己的真正含义。

真正的爱，前提是自爱。爱自己，是终生浪漫的开始。在这个世界上，缺爱的人比缺钱的人多。大部分人不懂爱自己，也不知道该如何去爱别人。我们习惯盯着自己的缺点不放、否定自己、忽略自己。

我们都知道没办法给别人自己也没有的东西：如果我们没有

钱，就没办法给别人钱；如果我们没有快乐，就没办法给别人快乐；如果我们没有爱，就没办法给别人爱，没办法真正地去爱任何人。

不会爱自己的人，往往是不懂得理解和原谅的人。"不能理解和原谅"是个障碍，像一堵墙一样挡在了我们与幸福之间。当我们理解、原谅并释怀时，不仅使自己卸下了沉重的包袱，还为"爱自己"打开了大门。

爱必须始于爱。

每个人内心深处都有充满爱的部分。这个部分充满爱和关心，充满理解、耐心、宽容，就像住在内心的一个好妈妈一样，她会照顾好你的身体、情绪，给你无条件的爱和接纳。你能否感受到内心这个部分呢？

每个人都有自我关爱这个部分，我们称它为"足够好的父母"，只是平时没有去发现而已。

小时候，你需要父母的安慰，但是你已经长大了，现在可以学习安慰自己；小时候，你需要父母的耐心，但是你已经长大了，现在可以对自己有耐心了；小时候，你需要父母的陪伴，但是你已经长大了，可以陪伴自己了……这样做你便是自己的好父母了。

内在好父母会试图理解你，他喜欢你，知道你是敏感的，知道你受伤，知道你并不完美。他真正在支持你，不是批评你，而是鼓励你。他理解你已经尽了自己最大的努力。当充满关爱的内在父母活跃时，我们会感到开心和幸福。

好父母会知道，每个人都有阴阳两面，他努力支持你，不压抑、不排斥、不否定你，鼓励活出真实的自己，并进一步去完善自己。

如此，你就可以全然地接纳他人，因为一切不过是你内在的投射。于是，美好的生活就真的展开了！

真正的爱情只会发生在两个懂得自爱的男人和女人之间。自爱的人是完整而平衡的，能独立而自我负责地活着，温柔而坚定地做自己，悦己悦他，能够享受亲密关系，同时不会沦陷与依赖，始终如花绽放，如阳光般温暖而绚烂。

这也是你仔细阅读这本书并想提高自己的原因，你想改善生活和亲密关系，并且变得快乐。你内在充满爱的部分在以一种友好的、理解的、接纳的方式支持着你。

佛陀说："若你在这世上，寻找爱你之爱，而非爱你之人，会发现那个人只是你。你就是那唯一值得你爱和原谅的人。"

探索练习

内在的成长从愿意为自己每天花一点儿时间开始。与内在小孩联结，如同一场和自己的穿越时空的爱恋。

每天花点儿时间静下心来写成长日记，回到自己内在的感觉，联结内在小孩，尝试和内心对话。如果你是女生，你可以做内在女儿的母亲；如果你是男生，你可以做内在儿子的父亲（可以参考前面文先生的成长日记，你也可以先把下一节看完再写）。

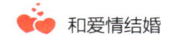

在婚姻中成长

我们每时每刻都在父母状态、孩童状态、成人状态三个角色（人格）中不断转化，很多时候是无意识的，这给我们带来了很多困扰。

记得胡杏儿曾经发过一条微博说："我的前前任和前任都很棒，他们一个教我做温柔的女人，一个教我做成熟的大人，但我最喜欢现任，他教我做回小孩。"有人接着评论："倘若有人真的爱你，就会把你当孩子般宠爱。"但是，倘若掌控婚姻的是内在的"巨婴"，将导致各种危机发生。要知道，没有多少人能一直忍受"孩子气"和"依赖与索爱"。

每段好的婚姻，都是自己与婚姻共同成长的结果。成长，就要有意识地发展自己的全部人格，内在就会变得平静而有力量，我们就会拥有成熟应对生活和情感的能力，有底气坦然面对风雨，像孩子般率真热情、热爱生活、勇敢无惧地面对世事无常。

如果把亲密关系比喻成是关于爱的大学课程，那么大部分的恋人连小学都还没毕业。法律只规定了结婚的生理年龄，而没有要求心理年龄，很多匆匆进入爱情和婚姻的人内心都是未成年人。所以，爱别人之前，先帮助自己成长为真正有幸福能力的人。

探索练习

觉察你内在父母状态、孩童状态、成人状态是如何切换的？哪个部分出现得比较多？需要加强哪个部分？

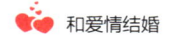

允许一切如其所是

我允许任何事情的发生
我允许
事情是如此的开始
如此的发展
如此的结局

因为我知道
所有的事情
都是因缘而来
一切的发生，都是必然
若我觉得应该是另外一种可能
伤害的，只是自己

我知道

> 我是为了生命在当下的体验而来
> 在每一个当下时刻
> 我唯一要做的，就是
> 全然地允许
> 全然地经历
> 全然地享受
> 看，只是看
> 我允许，一切如其所是
>
> ——伯特·海灵格《我允许》

每个人都是独立的个体，但我们又需要联结和归属感，因此我们很难合理地处理好界限。没有界限就没有尊重，而一段美好的关系里互相尊重是非常重要的。

尊重不是一个口号：只有"我尊重你"一句口号，不是真的懂得尊重，尊重体现在生活的点点滴滴中。学会真正的尊重不容易，因为小时候生存的需要让我们没有了界限感。我们会因为需要被照顾而侵犯了别人的空间，也会为了满足父母的需要而放弃自己的界限。所以，我们失去了尊重界限的能力，不管是对自己的界限，还是对别人的界限，都没有觉知。

雯在34岁之前是不婚主义者。尽管她有一个谈了好几年的男友，但是她拒绝结婚。从表面上看，人人都说雯是一个潇洒的独立女性，其实她内心是恐婚。

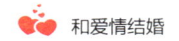

因为雯从小看到了太多父母吵架、打架的场面。她很早离开家乡出来工作的很大一部分原因，就是为了逃避那个无法改变也无能为力的环境。雯做梦总可以被耳边的争论声吓醒，她内心深处认为婚姻会破坏关系。她一直努力工作赚钱，也是企图用这种方式平衡父母的关系。雯一直活在过去的恐惧担忧里。同时雯也继承了她妈妈的性格，认为男人需要管教，必须听自己的，不然就会争论。

这样的方式又无形中复制了她爸妈的样子，越发让她恐惧，证实了婚姻没有幸福这一信念。雯也不想要小孩，她认为自己无法给孩子一个好的家庭环境，最好的方式就是别害了孩子，这样的信念一直限制着她。

直到2018年下半年，雯遭遇人生最悲惨的阶段：经营10多年的店铺面临着转型，32岁的她有一个谈了4年的男友却依然不敢进入婚姻。严重的焦虑、失眠导致她驼背严重，长期的眼睛干涩、头痛让她明显感觉身体衰老，对未来不可控的恐惧导致她日夜不安。

于是她找到了我。我让她意识到她是如何无意识、盲目地忠诚父母的行为、思想，甚至试图成为父母的拯救者，试图解决他们的问题。

雯体会到了自己一直生活在过去的阴影里，制造了一个消极的环境。她也意识到自己根本看不见男友的付出，也看不见自己的优点，焦点一直被固化在负面情绪里。所以，生活展现出来的也是很糟糕的关系。

随着更深入的探索，雯甚至看到自己的傲慢和自大，意识到自己背负了很多不属于自己的东西。她领悟到要活出自己，首先要跟父母和解，跟自己和解，尊重父母的生活方式。他们有他们的命运和要去承担的事情，允许自己和他们活得不一样，重新回归到父母和孩子的身份。

从那以后，雯有能力把从向外看的眼光转移到看自己，珍视自己。她慢慢地放松下来，不再紧张，担忧、恐惧的情绪也离她而去。慢慢地，她的背不驼了，头痛消失了，眼睛也好了。原来女汉子的风格变了，变得越来越有女人味。

过年期间，看着爸妈争论，雯理解了那就是他们的交流方式，她尊重他们。同时，雯也接纳了自己，放过了自己。她越来越温和，能看见男朋友对她的爱与付出，她也真心地去理解他、支持他。

现在的雯已经结了婚，有了可爱的宝宝，过上幸福的小女人的生活。

当一个人真的爱自己，一切想要的美好自然就来到身边了。

探索练习

在你的亲密关系中，你有没有充分感受到尊重？如何提升这个部分的觉察力？

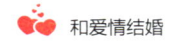

家庭中的界限与序位

在一个家庭系统中，每个人都要守住自己的位置和界限，承担各自的责任。在正确的序位上，才能接受父母和家庭爱的流动和传递。

表面看雯是一个很"孝顺"的女儿，一直努力工作赚钱，企图用她的方式平衡父母的关系。实质是因为从小她看到太多父母吵架、打架的场面。所以，她并没有真正守好女儿的位置，而是过度地卷入父母的关系里做了法官。甚至试图成为父母的拯救者，试图解决他们的问题。这让她无法成为自己，在关系中也会不知不觉带入自己的投射，以致无法获得美好的关系。

这就像什么呢？太阳系家族有八大行星，每个星球都有一个位置，如果有个星球被排除或跑到其他轨道上去了，那就会产生一个黑洞，整个太阳系都会试图去填补这个黑洞以达到新的平衡，但这样却造成了太阳系每个星球的轨道都会产生极大的变化，后果会很严重，随时会相撞、爆炸并毁灭。

一个家庭系统里，每个人也都有各自的位置，假如有一个人没有守住自己的位置，这个家庭里的人就会产生模糊的界限感，彼此就会互相牵连、纠葛。比如母亲向孩子抱怨爸爸的不是，觉得自己受了很多委屈，希望能赢得孩子对她的同情。孩子就会代替爸爸的角色去安慰母亲，对孩子来说，他已经错位了。

我国的传统文化是非常讲究序位的，《弟子规》里大篇幅地细致描述家庭序位，"长者先，幼者后""对尊长，勿见能"。很遗憾的是，很多家庭存在序位和界限意识的缺失，导致"父不父，子不子"的混乱局面。

家庭系统中经常出现的是孩子成了父母之间的"平衡器"，孩子会自动靠向缺位和弱势的一方。当孩子长大成人以后，他就会继续拯救弱势的父母，或者做了父母的法官，评判父母的对错，甚至看不起父母，企图改造父母，希望他们能成为自己心中较为完美的父母。这些都构成了严重的错位。

错位者无法活出真实的自我，因为盲目的爱而对家庭（尤其是父母）的情绪感受、行为模式和命运际遇产生盲目的认同感，这就很容易形成追随和替代。比如看到心爱的家人患有致命的疾病，错位者就会产生"宁愿病的是我不是你""我要追随/替代你而去"的想法。这种爱不但不会让错位者的人生越来越好，甚至会阻碍其发展，衍生很多纠缠、牵连的问题。

错位现象几乎出现在每个家庭里，只是严重程度不一样。有些人表面排斥不认同家里的某一个人，但往往越厌恶，行为举止，甚至说话方式却越来越像那个人。错位，只会使不幸加倍。

因此，和解与回归序位才是解决之道。

在系统中有这样一个法则：每个系统成员在系统中都有一个位置，先来者比后来者有优先权，比如父母是大的，孩子是小的。大的照顾小的，小的尊重大的。家庭中序位错乱的现象比较普遍的有两种：

1. **做父母的父母；**
2. **做父母的替代配偶。**

比如之前的雯，她甚至试图成为父母的拯救者，试图解决他们的问题。她的位置比父母还要高，潜意识做了父母的父母。《周易·系辞下》曰："德不配位，必有灾殃；德薄而位尊，智小而谋大，力小而任重，鲜不及矣。"雯谈了4年的恋爱却依然不敢进入婚姻。严重的焦虑、失眠导致她驼背严重，长期的眼睛干涩、头痛让她明显感觉身体衰老，对未来不可控的恐惧导致她日夜不安。从雯过去的状态中可见站错位置后果严重。

再比如婆媳关系的矛盾也主要是来自错位。一份离婚调查显示，在我国离婚家庭中，居然有近一半的夫妻离婚是因为婆媳关系没有处理好导致的。

婆媳矛盾的根源是：

其一，父母基本是在艰苦岁月中走过来的，他们的心理营养普遍比较匮乏，养儿防老的思想让他们认为儿子是属于自己的。儿子娶了媳妇后会严重挑战老人的安全感，生怕儿子被一个"外人"抢走而没人关爱他们。

其二，儿子结婚以后，实际上已经有了新的独立家庭，也就是老人有老人的家庭，孩子有孩子的家庭。但是对没有界限意识的儿子或婆婆而言，这个家只是多了一个媳妇加入。特别是和老人一起住的家庭，这个界限就显得更加模糊了。

这对儿子来说确实是一门新的学问，对他来说，母亲是长辈，需要尊重；但对自己新的家庭来说却是比原生家庭更要优先照顾，这对儿子来说往往是一个矛盾。倘若父母一方比较弱没有得到照顾，儿子往往会替代缺失的一方照顾比较弱的父/母，这样的错位就加剧了新家庭的失衡。

因此，儿子需要有力量承担起平衡新家庭和原生家庭关系的责任，这真的不容易。媳妇的加入意味着会出现两个原生家庭价值观的磨合。儿子需要承担最重要的协调和沟通工作。如果儿子责任感不强，或者没有力量承担，那么就会由老人或妻子补上去。无论是老人还是妻子站到这个主位，另一方都会觉得不公平。

海灵格提出夫妻的相处法则是："女人跟随男人，男人服务女人。"海灵格说的"跟随"并不是"服从"。他指的是女人要"陪伴"男人，手牵着手进入他的文化、家庭、职业等。女性需要安全和保护，所以"服务"是指保护女人，让女人感受到男人带给她的安全感和重视感。男人面对新家庭和原生家庭的冲突，原则上是新家庭的系统优先，新家庭被重视了，妻子的心就能安住在家中，滋养这个家庭，以及孝敬公公、婆婆。

探索练习

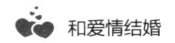

觉察自己在原生家庭中是否错位?你有没有做父母的平衡器?结婚以后,你有没有把新的家庭序位优先于原生家庭,还是依然被原生家庭牵扯?这会如何影响到你的亲密关系?

与原生家庭和解

所谓"家家有本难念的经",对很多人来说,原生家庭的心结一直难以打开。有些人可以在外面与朋友举杯言欢,面对父母却咬牙切齿;或明明心里牵挂着,专门从千里之外回家却无话可说;或有些人终其一生奋斗,就是为了背井离乡,此生不再相见。

但无论一个人多大年龄,无论身处何方,潜意识深处依然与原生环境有着千丝万缕的关系。只有当你的力量大过原生家庭的烙印,你才能挣脱出身带来的束缚。这个力量就是爱与宽恕的力量。

在北野武所写的关于父母的回忆录《菊次郎与佐纪》里,与刻薄严厉的母亲抗争了一辈子的北野武,一辈子想摆脱母亲束缚的北野武,最终发现自己仍旧是母亲的手下败将。倔强的北野武最终与自己的父亲和母亲、与过往的自己,达成了和解。他说:"我认为,一个人是不是长大成熟,要从他对父母的态度

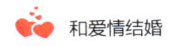

来判断。当面对父母，觉得他们真不容易时，就是迈向成熟的第一步。"

我们当然需要明白我们为什么成了现在的自己，我们也需要明白父母经历了什么才成为最终的他们。只有明白他们经历了什么，才会明白他们为什么会对你那么做。

就像案例中的雯一样，弄明白这些，就会发现，除了抱怨与逃避，我们还有其他选择。

我们的上一辈，经历了我们不曾经历的，他们或许没有机会读很多书，在婚姻中有了矛盾也没有人告诉他们应该怎么做，只有运用他们所认知的方法去解决。如果可以，相信他们也愿意夫妻恩爱、家庭和睦地过完这一生。

作为一个成年人，如果没有办法让自己忘记原生家庭的伤，那么努力治愈就是最好的与原生家庭和解的方式。

你可以继续让过去的痛苦成为自己人生的绊脚石，也可以通过治愈让痛苦成为人生的踏脚石。

探索练习

你有一些原生家庭的心结吗？当你准备好面对的时候，新生活就开始了。

与前任和解

前面我们提到,在与前任和解之前不要带着未了的怨怼匆匆投入下一段感情,这个时候心是不定的,而且受伤时能量比较低,很容易做出错误的选择,建立错误的关系。更不要想找一个人来帮你疗伤,你只会给人乘虚而入的机会,到头来带给自己更大的伤害。

海灵格说:"不论分手有什么原因,解决的办法总是要尊重前任伴侣。""无论分手的原因是什么,都只是关系失败的表面借口而已。如果未曾相爱过,根本不会结婚,导致分手的原因,多数是深藏不露的。"

大部分人不论是吵架还是分手,都一定要找出有"罪责"的那一方。

因为我们从小接受的教育就是,无论做任何事,都要"不仅知其然,还需知其所以然"。我们习惯了任何事情都去找一个看似合理的解释。

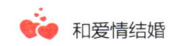

我们离开一个人的过程也经常如此。起初，感到这段关系无法再带给我们扩展，甚至让人有些压抑和紧缩，至少是不快乐，但我们又担心，是不是不应该因为这样的原因分手？我会不会被骂"不负责任"？会不会对另一方造成很大的伤害？如果他纠缠不休怎么办？被人说三道四多不好！

因此，分手也经常被弄得很"难看"，仿佛这样两个人分开才"合理"。宋仲基和宋慧乔离婚，从宋仲基的声明中不难看出对宋慧乔的指责。因为分手闹得沸沸扬扬的人数不胜数。

从爱开始，唯有爱才能结束。 因此，当分手时应尊重前任，并对前任表达感激。只有认可前任在生命中的重要性以后，当事人才能真正地离开；**在内心和前任发生和解，才能让过去的关系画上句号，能量才会解放出来去迎接新的伴侣。**

宝莱坞著名影星阿米尔·汗和妻子离婚时发表联合声明："我们想在人生中展开新的一页，不再是丈夫和妻子，而是共同的父母与彼此的家人。我们会共同抚养孩子，同时，继续在共同热爱的电影事业中协同工作。"对于离婚，这无疑是最好的结局。不是所有的婚姻在失去爱情之后，都要撕破脸，争对错。爱情变亲情，才不枉爱过一场。

海灵格先生说："一桩婚姻的结束，不是因为某一方有过错、某一方无过错，而是因为其中一方仍牵连在原生家庭未解决的问题中，或是因为他们分别被引向不同的方向。"

当一个人牵连在原生家庭未解决的问题中时，婚姻里的问题只是"症状"罢了，如果这个人并没有准备好从源头解决问题，那最好的方式其实就是带着爱和尊重与他分开。当两个人被引向不同的方向，做什么或不做什么，就没那么重要了，因为生命的浪潮最终还是会推动两个人走向自己该去的地方。

探索练习

无论是恋爱分手还是夫妻离婚，带着尊重和祝福的分手是送给双方最好的礼物。如果你有这样的经历，看看是否还可以做得更好？

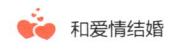

如何充满爱和尊重地分开

正如上面所说的,很多人并不能接受和理解一段关系的结束,没有谁对谁错,仅仅是因为某人仍然与他的家庭成员有纠缠,或者两个人的方向已经开始不同——接纳这些,会让人感到无力和哀伤。

于是,一定要找出是谁的错,揪出一些让人愤怒的事情,以造成一种假象,让人觉得如果当初做一些不同的事情,结果或许可以不一样。因此,谁让你没有那样做?都怪你!

愤怒,常常是掩盖哀伤和无力的挡箭牌。

很多时候,我们决定分手,心中却很难怀着爱和尊重,分手的过程也有很多犹豫和纠缠。这是因为我们没有完全接受和感谢对方所付出的一切,也没有完全接纳自己出于爱所付出的一切——我们所做的已经是能做的最好的了。

分手经常让人感到恐惧,因为我们不知道自己将要面临什么样的生活和风险。当我们恐惧的时候,我们时常会抱着自己的痛苦和老旧的东西不放，忘了自己同时也面对着新的机遇，不给自己重新创造新生活的机会，这就导致我们竭尽全力拴住另一方，让他也很难获得自由。

然而，如果双方都接受了新的可能性，并且愿意创造新的未来，就会获得自由。他们能够平静地倾诉自己的需要和想法，能够放下怨恨和受害者的情结，去安排自己需要安排的一切。

叶先生结束第一段婚姻半年后又进入第二段婚姻，一年后第二段婚姻再次面临失败，事业也一落千丈。他带着巨大的痛苦找我做了咨询。辅导中，我发现他前妻和他是公司的联合创始人，但离婚后，叶先生便收购了前妻的股份，让她退出了公司。

在咨询过程中，叶先生意识到和前妻的关系在怨怼中结束并且一直没有得到化解，这直接影响到他第二段感情和公司的健康发展。我让他想象面对前妻说："××，你是我前妻，我们有过10年的婚姻生活。我们有一个儿子、一个女儿，一起创建了公司，白手起家。过去公司的成功，你功不可没，特别是你怀孕的时候还在不停地跑客户……"至此，叶先生泪流满面。

咨询结束，叶先生马上给前妻发了一条信息："××，感谢我们曾经有过10年的婚姻，一起育有一子一女，感谢一路走来你所有的付出、支持和爱。我和你一起创办了公司，那时候很辛苦，你连怀孕的时候都在跑客户，过去公司的成功有你很大的功劳。我会永远记得你曾经的付出和贡献，还会和孩子们说他们有个好妈妈，我也会在公司讲我们曾经的创业故事……祝福你

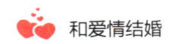

拥有幸福的人生、美满的家庭！我们将一直是两个孩子的爸爸和妈妈……"

第二天，叶先生给我发了一条信息："感谢少芬老师，你让我和前妻避免了一场腥风血雨，我们和解了。"

叶先生承认了事实，认可了前妻的付出，还给对方送去了祝福。如果他真的能够做到充满爱和尊重地分开，这段感情，也会成为他未来生命中的支持。因为只有我们在内心中与前任和解，好聚好散，后面的人生才是受到祝福的。

但是，不是每个人都能做到温暖有爱地分开。我们在无法心平气和地离开一段关系时，可以尝试做这样的练习：

在心里对对方说："我接受你曾经带给我的美好回忆，我在你的身上/这段感情里学会了很多，我会珍惜它。我对你的爱是心甘情愿的，它是你的，可以保留起来。我们之间的问题，我会负责属于我的部分，属于你的责任留给你自己。我心平气和地离开你。我祝福你，如果你愿意，也请祝福我。"

当你越能在心中有这样的感受，面对你的伴侣就越能平静而尊重。毕竟，你们相爱过。那些美好和那些过去，都真实地存在着。

曾经的伴侣，在彼此的生命中，永远有一个位置。分手时，我们要承认一点：我尊重你的个性。我曾爱过你，也正是因为你的个性，让我爱上你。不论分手的原因是什么，也不能在个性上寻找错误。

在分手后仍需承认，例如：你爸爸和我对你一样好，我们虽然用的方式不同，但同样是爱你的。孩子因此能欣然接纳他所面对的处境，并从中得到力量。不论父母有何分歧，孩子并没有失去他们。

探索练习

假如你曾经恋爱过但已经分开，或进入过婚姻现已离婚，那么试着参照这一小节的指导方向，带着爱和尊重，可以在日记里给曾经相爱过的那个人写一段分手告白（如果你愿意发给对方也是可以的），你会发现你的心会变得很轻松、很柔软。

放过别人,其实是放过自己

《零极限》的作者说,出现问题和疾病的方式是,人们愿意对自己在每个当下创造的生活100%负责。唯一的出路就是清理。

感恩与宽容,经常缘于痛苦与磨难,必须以极大的毅力来训练。曼德拉曾说过一句既经典又饱含智慧、发人深思的话:"当我走出囚室迈过通往自由的监狱大门时,我已经清楚,自己若不能把悲痛与怨恨留在身后,那么我其实仍在狱中。"

抓着伤痛不放,就像是在汪洋大海中抱着一块大砖头。砖头是谁给你的还重要吗?你才是即将往下沉的那个人。宽恕是去了解沉溺于伤痛是徒劳的。无论是谁伤害了你,不管有多么不公平,你的伤痛感受只会伤害你,而非别人。看清这一切将会帮助你选择宽恕,而非愤怒或怨恨。宽恕与他人无关,只与你自己的幸福和自由有关。

露易丝·海是世界著名的心灵老师。露易丝5岁的时候被邻居强奸,童年的大部分时间,她都在忍受身体上和性方面的虐待，外加繁重的体力劳动，所以形成了极度自卑和低自尊的人格。长大后，她又经历了离婚，患上"不可治愈"的癌症……幸运的是，她接触了心理咨询工作，走上了自我救赎的道路，对自己的生命负了100%的责任。她开始积极关爱自己："我知道我必须清除掉自童年开始一直积累着的怨恨模式。丢弃责备是我的当务之急。"她最后还是选择和母亲和解，宽恕曾经伤害过自己的人，这一切使她成功地帮助自己治愈了癌症，并帮助无数人在黑暗的思想泥沼里走出一条幸福和光明的路。

一直盯着别人的过失，别人不一定会痛苦，但自己一定会受苦。放过别人，其实是放过自己。幸福是一种选择，关键是你选择什么。抱怨和仇恨只会令自己身处乌烟瘴气的环境中，放下怨怼，心中清净无染就是给自己的最好环境。

成长，就是结束内在战争，全然接纳，全然去爱。

希阿荣博堪布说："人的一生中有顺境也有逆境，然而无论何种际遇，如果能透过它认识生命的本质，就是一生的财富，得失起伏无不是觉悟的契机。有生就有灭，有聚就有散，这不过是事物的平常状态。坚强或者脆弱，接受或者抗拒，生活都会继续。"

逆境和痛苦是成长的一部分，也是必须的。没有人不经历跌倒就会走路，如果你想成长，你必须经历逆境和痛苦。如果你不愿成长，或许可以逃避痛苦，但未来肯定会受苦。痛苦是内在的，而苦难是外在的，这是本质的区别。

未来，当你遇到一些巨大的挑战，思如潮涌时，你的心会被

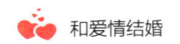

恐惧、愤怒、悲伤等思绪堵住。当你有力量面对并接纳的时候，你就会放下对它们的控制，看到它们只是想要保护你。所以，如果它们出现，请微笑着对它们说："你们是我的一部分，也是我生命的一部分。欢迎，谢谢！"不要和它们抗争，不要对它们生气，要看到它们对你的好意。抗争并不是解决问题的方法。请接纳它们，感受它们，探索它们。你能感受到你内心的平静，以及你的友善、好奇。如果遇到非常重要而急迫的事情，你需要在安静的空间去思考，也可以抽离出来，或友善地请求内在的情绪暂时移到一边。所以你是灵活的，可以感受到内在生生不息的能量，内在旺盛的生命力由你支配。

面对未来的很多挑战，正面应战，活在真实之中，也经常会有很多痛苦。但那是化茧成蝶的过程，你会在自由的空气中翩翩起舞。愿你有颗平静的心接纳自己不可改变的一面，愿你有颗勇敢的心去改变你可以改变的另一面。

探索练习

有了爱，分手才有可能完全，换句话说，真实的爱带来自由。如果你觉察到这个部分需要加强，恭喜你！假如你做不到，我会鼓励你通过学习增加力量。

好的婚姻是两座冰山和谐共舞

什么是真爱？就是当我们看待一个人的行为时，不再仅仅停留在表面，而是同时看到这一切后面的心理需求与成因，从而发自内心地理解并补充其所需的心理营养。徐静蕾说过一句话："最好的婚姻，是我有病，而你正好有药。"我们寻寻觅觅，要寻找的终究不是一个完美无缺的人，而是一个能够彼此理解、彼此支持的人。所以，幸福的伴侣就是两座冰山的和谐共舞。

什么是冰山理论

冰山理论就是一个非常棒的能够深入觉察自我、洞察他人内心的工具。它在人际关系中起着巨大的作用。

图5-1 冰山理论

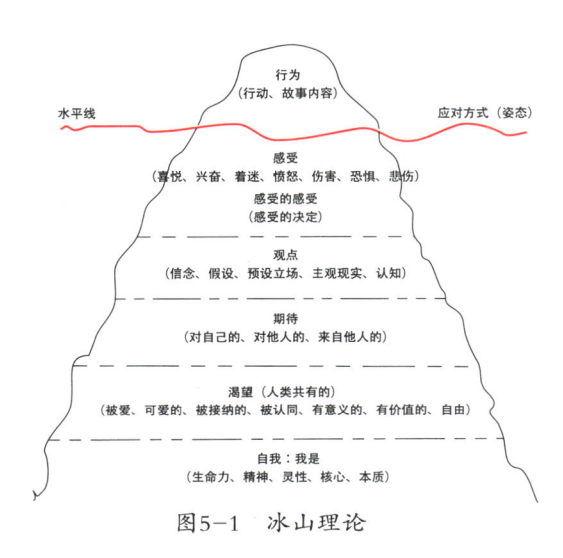

图5-1这张冰山图是一个形象的比喻：一个人的"自我"就像一座巨大的冰山，我们能看到的只是表面很少的一部分——行为和应对方式，而暗藏在水面之下更大的冰山，则是长期压抑并被忽略的"内心世界"。揭开冰山的秘密，我们会看到生命中的渴望、期待、观点和感受，看到真正的自我。

根据这个理论，在关系互动中，我们需要通过自己或他人的表面行为，去探索内在冰山，从中找出解决问题之道。每个人都有自己的冰山，认识到内心的冰山，关系就会得到大大的改善。

我们先来了解一下冰山理论的每个层面：

1. **行为**。行为常常是唯一能看见的部分，人们的言谈举止往往是应对外面世界的表现。

2. **应对方式（姿态）**。我们对外在处境选择如何回应或反应，就是我们的应对方式。冲突下，人们往往有四种应对方式：

指责、讨好、超理智、打岔。

3. 感受。感受是普遍的人类情感经验，比如爱、生气、害怕等。在个人身上引发这些感受的因素，因不同的人、家庭或文化而异。

"众生有情，唯人独多。"人生来就是情感特别丰富的，尊重一个人就应该接纳他内心所有的真情实感，而不是选择性地接纳。在前文中提到了情绪是中立的，有阴阳两面。情绪是能量的显化，因此控制情绪是下下策，接纳和转化情绪才是上上策。

感受（深层）的感受。每种感受都不是单一存在的，它就像洋葱一样层层包裹。比如愤怒的深层感受往往是委屈和难过，有时还会有无助和失望等。

4. 观点。观点是基于现在和过去经验的结合，不只是根据此刻所见所闻的事实。不同的人对同样的事件会有不同的感受和想法。所以观点是存在于我们大脑里的认知，是我们对事物的信念、规则、价值观等。

5. 期待。我们对他人和自己的期待是根据渴望而来的。渴望是人类共通的，但期待却因人而异。前文深入剖析了期待背后的移情和投射。

如果更深入冰山下面，你会发现一个很重要的部分——渴望。

6. 渴望。渴望是人类共通的，不论是什么种族、文化、宗教、性别或肤色，所有人都想被爱、被重视、被接纳。从出生的那一刻起，婴儿就渴望被爱，到九十岁亦然。这是所有人持续一生的过程。当渴望未被满足时，我们就很难与他人沟通，或者沟

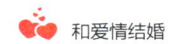

通不顺畅。

7. **自我**。冰山的核心或基础就是自我价值，但往往最难觉察和了解。它是人的自我评价——"我是谁？"，这个部分是生命力的根源。我们的目标是发现本来的真实面貌，并不断地滋养这个部分，让生命力不断地成长，内心充满喜悦和满足。

人和人的互动就是一座冰山和另一座冰山的碰撞。

如何探索冰山

每个事件都有一座冰山，当事件发生时，我们行为背后的冰山的各个层次的体验是同时发生的，但冰山探索一开始，可以先逐层探索。在掌握熟练后就可以系统和立体地觉察，甚至每层都可以作为一座冰山来细致觉察、区分。

一个妻子看到丈夫把脏袜子随处乱丢很生气，指责丈夫"我都说过多少次了，要放到脏衣篓里，你怎么整天就知道乱扔！"这件事上，妻子的冰山是什么样的呢？

行为：看到脏袜子被随处放置。

应对：指责丈夫到处乱扔。

感受：无奈、愤怒。

深层感受：委屈、失望、无助、无力。

观点：东西不能乱放，他应该为自己的事负责。我说过很多次，他都不改，一点儿都不把我当回事。我每天要收拾，很累，一点儿都不心疼我。

期待：他听我的话，按我说的去做。要自理，心疼我。

渴望：被尊重（按我说的做）、被认同（看到我的辛苦）、被爱（把我当回事，心疼我）。

自我：自我价值低（我是一个失败的女人）。

如果妻子看到了自己的冰山，就会有觉察和思考："到底是什么让自己生气呢？只是因为袜子被到处扔，需要自己收拾吗？还是说自己是想控制他，让他听我的，从而证明他重视我、认同我呢？为什么非要要求他和自己一样拥有整洁的习惯呢？他到处乱放东西，就等于不能自理、不理解我的辛苦吗？我是否可以尊重别人和我不一样呢？"有了这些觉察，心情就平静多了。

冰山的转化

我觉得冰山理论的魅力就在于，哪怕事情没有任何改变，但我们却可以变得完全不一样，这要归功于觉察以及转化。

转化的三原则：

1. 事情是如何发生的，而不是发生了什么事。

在生活中，每天都有各种各样的事情发生，但我们处理事情的方式却大同小异，因为我们有固有的模式来应对。所以发生了什么不重要，重要的是我们是如何应对的。

2. 不是要拿掉旧的，而是要增加新的。

与旧的模式斗争，就如同在黑暗中挣扎。但是划破黑暗，仅仅需要的是增加一道亮光。与其拼命地想拿掉旧有模式，不如增

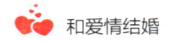

加一些新的观点、新的期待、新的感受进来。当我们能够从更高的视角来看选择新的模式的时候，新的模式自然就产生了。

3. 自由即选择，选择即责任。

我们存在怎样的行为、感受、想法、期待和渴望，都是自己的选择。这是我们的自由。正因为这是我们的自由选择，就更应该为它们负责。它们都是我们自己的。

举个例子：莉莉希望丈夫能重视情人节，期望他能给自己带来一个浪漫的情人节。可是，情人节当天，办公室的同事都收到了鲜花，而莉莉的丈夫什么表示也没有，她感到失落和生气。

如果莉莉对老公的"冰山"视而不见，对自己的"冰山"茫然不知，接下来会发生什么呢？相信大家都很熟悉这样的剧本：

莉莉带着委屈、生气的情绪回家，然后老公看到一张抱怨的脸，为了避免冲突，闷不吭声……

接着妻子忍无可忍雷霆大发，抱怨老公不爱她，丈夫觉得这个女人莫名其妙，"作"……

妻子被失望透顶的情绪淹没，心想：你以为我没有你不行吗？你以为我不会走？既然你不在乎我，何不分开……两个人在极其不开心的气氛中度过了情人节，关系渐行渐远……

然而，会觉察并转化冰山的伴侣是怎么做的呢？

首先，觉察到内心的情绪。 花了一些时间平复内心冲突的声音，你知道自己希望有一个浪漫的情人节，渴望借这个节日和丈夫有深入的情感联结，满足自己爱和被爱的感觉。清楚地看到这些情绪是属于自己的，期待也是属于自己的。也看到丈夫的冰山，虽然丈夫不太懂得表达情感，但他认为努力工作就是爱这个家，他的原生家庭文化一直不重视仪式感，所以他认为情人节庆不庆祝都无所谓。

所以，你决定为自己的期待负起100%的责任，亲自策划这个情人节。

首先，打电话给丈夫，告诉他今天是情人节，希望收到他送的鲜花，希望今晚和他能有一个二人世界，并和丈夫商量是在家里吃还是在外面吃。然后，打电话给公公或婆婆，告诉他们今晚需要他们帮助照顾一下孩子……

接下来，两座"冰山"如何和谐共舞呢？安排妥当后，怀着喜悦的心情回到家，和丈夫吃了一顿烛光晚餐，喝了两杯红酒后，打开心扉："老公，当我收到你的鲜花时，我真的高兴！好像又找到恋爱时的感觉……你可能不太在乎这些节日的仪式，但你的心里是在乎我和这个家的，你是我们这个家的顶梁柱。虽然你不说，但我看到你平时的忙碌和付出，心里真的很感动也很心疼。虽然我们已经有了孩子，但我希望我们的感情不要因为忙碌而冷淡。我依然希望我们偶尔有些二人世界的时光，就像今天这样，我会觉得很满足、很幸福。因为你是我生命中非常重要的人，我希望我们能恩爱一辈子。"

这是一种让双方都能感觉到真诚、接纳和被滋养的沟通方式，也是一种让大家都能感受到爱和尊重的沟通方式。

想象一下：如果你的另一半能够如此和你说话，坦诚地谈论你们之间的关系，你听了会有什么感受？你是否有一种深深的感动从内心生出？你是否感受到一份温暖而有力的支持？你是否感觉到一份真诚的尊重和认可？你愿意打开心扉来深入地交流吗？

这个方法并不复杂，我们或许同样面临那个问题：我愿意吗？我说得出口吗？我内心反对的声音为何那么强烈？我又该如何去除？这就涉及我们个人内在的自我价值，涉及在成长过程中积压的无数伤痛和情绪是否得到处理。自我价值是否让我们有力量去面对自己内心的脆弱和害怕！

我们要丰盈内在的"心理营养"，心灵强大才能无所畏惧，坦然面对才能一次一次地超越。

改变是有可能的，但并不意味改变是容易的！只要我们坚持学习成长，改变就随时可能发生！

任何冲突都是两座"冰山"剧烈撞击的结果；
所有的亲密都是两座"冰山"和谐共舞的杰作。

探索练习

找一个事件分析彼此的冰山，并尝试做转化。

结束前回到你的选择

你还记得本书开始时提到的四种婚姻状态吗？看完这本书之后，相信你对婚姻的理解会有不一样的维度。现在，你可以用更成熟的眼光审视你目前的关系，先搞清楚：

自己和对方原生家庭的创伤点在哪里？

你们的相处模式是怎样的？

你们各自的先天气质有什么差异？

比如你总想控制对方，而他总是疏离冷漠，这都是从何而来的？

比如你们动不动就大动干戈，冰山下面又发生了什么？

分析哪些部分是不可以改变的，哪些部分是可以改变的。

比如过去成长的背景和先天气质是不可以改变的，但情绪状态、沟通方式和相处模式是可以改变的。

比如已经发生的事情是不可以改变的，但你可以通过觉察内在的冰山，转变信念和期待，或者通过"内在小孩"的疗愈，改变对事情的感受，并增加新的选择。

然后再去评估，彼此各自需要成长的部分，你们是否愿意去做各自的调整，调整后能否让关系达成某种平衡，让双方都感觉可以继续。

如果你的伴侣不愿意改变，这不是问题。问题是：你是否愿意改变？但切记：**不要为了让别人喜欢上你，就让自己变成另外一个人。改变是从自爱开始的**，从而在关系里多一些理解和爱的流动。

如果你不愿意因为对方而改变，又只会给对方带来痛苦，那么就要好好考虑：除了痛苦，你还有什么收获？这段关系对你的意义是什么？以及，你是否还要将这段关系延续到生命的尽头？如果你选择分手，不要急，花点儿时间学习怎样更好地处理。毕竟这段感情是不会无缘无故来到你生命里的。如果你依然有困惑或者希望拥有一段更加幸福美满的关系，衷心邀请你进一步学习。

[后记]
让心回"家",让爱重生

心,是我们的主人。烦恼、快乐、心力大小,都是心在做主。所有修炼和修为最重要的是要找回这颗"心"。因为世人常常会把"心"弄丢——丢在惯性模式的无明状态中而不自知。因为与心处于"失联"状态,所以制造出一堆烦恼和妄念,导致情绪失控、关系紧张、沟通障碍、健康隐忧……这些不被觉察的妄念都会转化为被动的命运!

真正的爱、平静和力量并不遥远——它就在我们的内心!我们却长久忽视它。人们渴望获得爱,却始终感到迷茫和不安。他们一直对自己缺乏信心,且无法从各种学习中获得满足。许多"走心"者都说:听从内心的声音,跟着心走。可是他们不知道未被训练的心会把人们带跑,他们以为自己做着"身心合一"的事——想做就去做,好比他们只是骑着四处狂奔的野马,一直在

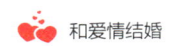

路上，却不知道"家"在何方。只要还未回家，他们就会没有安全感，就要不断地策马狂奔。这是因为旅程还没结束，"心"尚未回"家"。

  仅仅是跟着心走，永远无法获得内心的爱、平静和力量。若不系统地了解内心的运作，你的心就无法回到家，只能一直在外漂泊。让心随着情绪起舞，这就是平常说的"跟着心走"。如同教养孩子，若我们让他为所欲为，他会是个好孩子吗？所以，孩子不仅需要家长的照顾，更重要的是需要一位有智慧的教练。训练心智也如此，你需要了解自己，并知道如何自我训练。反之，只期望能遇到一个理解你、包容你的人，结果必定会陷入混乱之中。

  生命中最难的阶段不是没有人懂你，而是你不懂自己。你是自己最糟糕的敌人，还是自己最要好的朋友？每个人都是自己心中的明师。每个人都有足够的智慧可以获得成功与幸福。进入内在的冰山，更深刻地认识自己、洞察他人，焕发生生不息的生命力。

  生命即关系。关系的品质决定了我们的生命品质，要想绽放生命，活出生命全部的意义和价值，就要处理好生命的各种关系。要处理好其他的关系，首先要处理好和自己那颗心的关系。心是一切关系的源头，外在的人、事、物只是我们内心的投射而已，"心"就是那个创造自己命运的东西。

  未经训练的心是无明的，外在的世界很容易让它陷入烦恼、快乐、痛苦、激动或忧伤之中。不过，心的真实本质并没有这些东西。欢喜或悲伤常常有，这些都是常态，但未经训练的心迷失后，就容易跟随着情绪变化。于是，陷入自己的主观意识。

心智成长就是要尊重本心，为此，我们必须透过训练心智去拨开迷雾，不迷失其中，让它能平静下来。我们学习成长的一切努力，都只是为了拥有一颗平常心，更好地觉察情绪，经营好亲情关系、亲子关系、人际关系，从而拥抱幸福的人生。

再一次恭喜大家踏上让心回家的旅程。

[写在最后]

慢就是快，少就是多

很多人觉醒后决定要为自己的人生负责任，他们期待能过上幸福的生活，与伴侣琴瑟和鸣。可是他们很快又会掉进另一个陷阱，当冲突再次出现时，许多人就会觉得很痛苦，重新被无助、无望、无价值的病毒信念所拘，认为"别人做得到，我做不到""太难了"或"没有可能做得到"。他们相信了这些想法后，就很容易半途而废。

快餐年代，好像什么都要快，生怕慢一点儿就会被淘汰。耐心被很多人认为是浪费时间。《道德经》告诉我们：慢就是快，少就是多。你之所以浮躁，是因为太着急。

一位学僧问禅师："师父，以我的潜质多久可以开悟？"

禅师说："十年。"

学僧又问："要十年吗？师父，如果我加倍苦修，又需要多久开悟呢？"

禅师说："得要二十年。"

学僧很是疑惑，于是又问："如果我夜以继日，不休不眠，只为禅修，又需要多久开悟呢？"

禅师说："那样你永无开悟之日。"

学僧惊讶道："为什么？"

禅师说："你只在意禅修的结果，又如何有时间来关注自己呢？"

只聚焦在结果上的时候，心智就会紊乱，从而失去对当下的觉察。

六祖慧能在《坛经》中说："一切福田，不离方寸。从心而觅，感无不通。"你已在心田里撒下幸福的种子，但是不要忘记，这块心田过去数十年一直杂草丛生，无人照管。因此，不要期望这块心田短时间内就花香满园。"种瓜得瓜，种豆得豆。"你不仅要浇水施肥，悉心照料，还得去除杂草，这些都需要园丁持之以恒地辛勤耕耘。

一切成长与成熟都需要时间，如果我们在尚待发芽的过程中，就因为没有耐心等待而半途而废，那漫长的一生，将什么收获也没有。如同竹子在地下扎根多年才能一夜生长速度惊人。而人的成长也需要厚积薄发。

学习任何事物都需要时间。当我们用一种新的方法做事时，刚开始会不习惯，但坚持一阵子必然有所获。为此要记得：耐心一点儿，一切都将变得自然，变得正常。

我们不可能在一两天内就完全学会爱自己，而如果我们每天都能从容一点，放下心中不必要的攀比与欲望，安住当下，便每一刻都在成长。

[附录]

婚姻个案实录：重塑婚姻关系

个案背景：这对夫妻分分合合，已经签过3次离婚协议，做个案前处于分居状态，在分居期间多次发生严重冲突。在好朋友多次耐心劝说下，终于不远千里找我进行咨询。在此把这个个案加以整理的目的有三个：

· 读者通过个案剖析，会对前面章节的内容理解更深刻；
· 读者可以借助这个个案重新梳理自己的关系；
· 为从事婚姻咨询的咨询师提供参考。

（为了保护来访者隐私，部分内容略有改动）

第一步：锚定意愿和目标

少芬老师：你们希望通过咨询达到什么样的效果？

丈夫：我希望我和她都可以完全敞开心扉，让老师了解一切

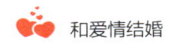

真实的情况。

少芬老师转向妻子：那你呢？你想达到什么样的效果？

妻子：我也是希望在老师的帮助下，让我们发现自身的问题，去做积极的改变。

少芬老师：非常好。如果大家看到过去的盲点以及自身可以提升的方向时，两位是否愿意负起属于自己的那部分责任并主动改变？

丈夫和妻子表示愿意。

少芬老师：那我们可以开始了。

第二步：了解夫妻冲突背后的原因

少芬老师摆出两个木偶，问丈夫和妻子：我邀请你们想一想现在彼此内心的距离有多远。

妻子说：很远很远。

少芬老师邀请妻子设置木偶的距离。

问丈夫：你看一下这个距离，是这么远吗？

丈夫说：我觉得我们的距离比这个还要远，遗憾的是这个房间太小了。

少芬老师：那你的意思就是说，你们内心的距离其实很远吗？！

问妻子：那你们两位在矛盾冲突的时候，丈夫是什么样的状态？

妻子：指责。

少芬老师：那你看到丈夫指责你的时候，你有什么反应？

妻子：指责。

少芬老师：嗯，你也以牙还牙。双方互相指责的时候，谁更强势一些，掌控欲会更强烈一些？

妻子：对方越强的时候，我也越强。

少芬老师：两个人都是遇强愈强的。

（少芬老师把木偶人垫高。）

少芬老师：你们看到这两个木偶人这个样子有感觉吗？

丈夫：有。

少芬老师问丈夫：你们两个是一样强吗？

丈夫：我一定要比她强。

少芬老师：你看她也不弱，她好像也很强。

丈夫：她打不过我。但没有真正动过手。

少芬老师：哦，你觉得自己是男人，你有底气，就一定可以掌控对方？

丈夫：对，我有底气。

少芬老师：嗯，两个都不甘示弱。（增加木偶的高度）孩子亲谁多一些？

妻子：女儿现在在爷爷奶奶家，她不跟我们在一起。在一起的时候，会跟我多一点儿。

少芬老师：离开你们已经有多久了？

妻子：有一年了。

少芬老师：那就是三岁左右就离开你们了。

少芬老师拿起代表女儿的木偶：那这个先撤掉了，这里都没有她的位置。两个大人连自己都没有管理好，怎能有精力管这个孩子呢？看上去这是一段挺令人心痛的关系。因为爱走进了婚姻，现在这段关系又充满了愤怒。

少芬老师问妻子：在这个关系里，你除了愤怒，还有其他什么情绪？

妻子：除了愤怒、指责，还有委屈。委屈会更多，因为做了很多事情，所以有很多委屈。

少芬老师：你付出了很多，但是没有被看见，没有被肯定，所以很委屈。

妻子：是。

少芬老师：委屈又产生了更多的愤怒。

妻子：对。

少芬老师转向丈夫：你呢？看着她，你现在有什么感觉？

丈夫：我觉得她作为我的爱人，从来不懂我。

少芬老师：你觉得这个女人不懂你。（老师拿起代表丈夫的木偶）我听到这个男人的背后有一个声音在说：你不懂我，我希望你能懂我。

少芬老师：（把代表妻子的木偶放到丈夫那一边）进入这个男人的内心，他的内心说，我想这个女人能懂我。看看对面这个女人，她活在自己的委屈里，她有很多的悲伤和眼泪，所以她有没有能力去看到这个男人的内心。

妻子：没有。

少芬老师：（邀请丈夫看着代表妻子的木偶）看着她，她有很多委屈。她做了很多事情，她觉得自己没有被看见，没有被认可。再看看这个男人，他期待这个女人能懂他。但是你们有没有看到对方的委屈呢？

丈夫：有看到，但是被屏蔽了。

少芬老师：好，你看到了，但是有没有表达出来呢？

丈夫：没有。我觉得我在外面工作所承受的煎熬比她多得多。

少芬老师邀请丈夫和妻子面对面。

少芬老师走到丈夫旁边：跟你的妻子说，我觉得我在外面承受的压力，比你承受的要大很多很多倍。

丈夫：我觉得我在外面承受的压力，比你要大得多得多。你根本就没有看到，你根本就没有理解过我的压力。我不是为了我自己，我是为了这个家。

妻子：在我心里，他不是为了这个家。我只是觉得他只是为了赚更多的钱，可以有更多的安全感。他从来没有考虑过我要的是什么。（哽咽）

少芬老师：所以，你们两位彼此内心都有一些没有被满足的期待。有看到吗？（走到丈夫这边）我的辛苦没有被看到，我的妻子不懂我。（走到妻子那边）我的委屈、我的付出，也没有被你看见。你们有没有留意到，尽管两个人的表达方式有点儿不一样。但你们两个人都蛮相似的。丈夫的内心其实也有委屈，只是他没有表达出来而已。

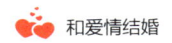

丈夫：(沉默了一下)有。

少芬老师：丈夫有委屈，妻子也有委屈，然后两个人内心的委屈延伸出很多的愤怒。接下来我们看一下这个委屈和愤怒的根源在哪里，好不好？这个委屈和愤怒是因为对方说了很多难听的话，我就反抗。但这是表面的。我们来看一下真相好不好？

(少芬老师再一次指出了两个人的共同点，不知不觉拉近两个人的距离)两个人点头。

第三步：了解丈夫原生家庭对他在婚姻中的影响

少芬老师：我们先来看一下丈夫的原生家庭。(问丈夫)你是在爸爸妈妈身边长大的吗？

丈夫：是啊！15岁之前都是。

少芬老师：那在你的眼里，爸爸妈妈心与心的距离有多远？

丈夫：也是很远。在15岁的我看来是很远的。

(少芬老师拿出另外两个木偶，让丈夫摆出距离)

少芬老师：在矛盾冲突里面，他们是什么状态的？

丈夫：我学习不好，妈妈辅导作业，然后会觉得我有很多问题。(哽咽)妈妈会跟爸爸说我有很多问题，然后爸爸会打我。

少芬老师：哦，明白。(拿出一个小男孩模样的木偶)所以这是一个在指责下长大的孩子。同时父母对这个孩子有很多期待。你在家里排第几？

丈夫：(流眼泪)我是独生子。

少芬老师：有眼泪是可以的。有眼泪只是代表此刻你的心非常敞开，你正在和自己的内心对话。

丈夫拿出纸巾擦鼻涕。

少芬老师：这已经涉及到一个亲子教育的话题了。独生子女的家庭里，父母对孩子的期待一般是非常高的。但是站在孩子的角度，他能理解父母吗？（邀请丈夫和妻子坐在地上，老师指着他俩）从孩子的角度看，他很难理解这些指责就是爱。他只会觉得是什么？

丈夫：嫌弃。

少芬老师：是嫌弃，嫌弃我不够聪明……

丈夫：他们俩本来感情就不是很好。他们就打我来出气（哽咽），我妈透过窗户看我在玩，就会跟我爸爸说快去快去，我爸看我没有做作业就打我。

少芬老师：这个时候你会有什么感想？

丈夫：那个时候我就觉得我打不过我爸，但是我绝对能打过我妈，我爸不在家时，我妈打我我就还手。

少芬老师：你打过你妈妈？

丈夫：对，她打我我就还手。

少芬老师：所以我能够感受到你对母亲其实是有愤怒的。

丈夫：对。

少芬老师：回想小时候面对妈妈的指责，你有什么话想跟她说？

丈夫：（沉默）

少芬老师：回想小时候，她对你说过哪些话？你内心会对自己母亲有什么评价呢？这是一个怎样的妈妈呢？

丈夫：没有主见。爸爸让她打我就打我。

少芬老师：没有主见，还有呢？你会用什么形容词来形容她？

丈夫：她和我爸互相指责。那个时候我不喜欢她。我觉得她不关心我。

少芬老师：你觉得你妈妈不关心你，她不懂得怎么爱你？

丈夫：是的。小时候，有一次光着脚踩到一根钉子上，然后她就说拔出来就好了。

少芬老师：哇！脚踩到钉子，你有什么感觉？

丈夫：我在流血，我觉得很疼啊，我觉得是不是应该去医院。她只是说拔出来就好了，然后我自己就拔出来了。

少芬老师：（顿了一下）哦，那时候你有什么感觉？会觉得妈妈冷漠吗？

丈夫：我觉得就应该拔出来，自己应该坚强一点儿。就这么觉得。

少芬老师：刚才你说，她不关心你。现在我听到的只是一个成人对这件事的理解。如果进入一个小孩的内心，他当时会有什么样的感觉？

少芬老师看着妻子：如果你踩到钉子，你希望妈妈是怎样的？

妻子：我希望妈妈安抚我一下，然后帮我处理。

少芬老师：这个时候妈妈的表现是否表达出对孩子的重视

呢？他的痛有被感受到吗？什么叫重视感？哇，我的天哪，好像钉子就扎在她的心里一样，很心痛，很紧张，然后急着帮他去处理伤口。这个过程孩子的脚可能会很痛，但是他的心会很温暖。是不是？

妻子：是。

少芬老师看着丈夫：对你来说，你已经屏蔽掉了这些感受。基于对母亲的忠诚，把母亲的反应合理化，觉得人应该坚强一点儿。因为妈妈是这样说的，所以自己就这样做，但这违反人的心理本能需求。所以我邀请你回到小时候，当踩到钉子的时候，看着妈妈的反应，你有什么感觉？

丈夫：她当时在厨房炒菜。她看了一眼，说你自己拔出来就可以了，我当时是没有想到她会说这样的话。这个我记得很清楚。然后我自己就拔了出来。

少芬老师：通过这个过程，你学会了什么？

丈夫：学会坚强，一个人面对困难。

少芬老师：学会坚强地面对困难，同时也学会了冷漠。你屏蔽了你内心那份对爱的渴望。我邀请你重新去看你和妻子这段关系，有没有冷漠在里面呢？在母亲这里学到的冷漠，有没有搬到婚姻关系里面去？

丈夫低头沉思片刻：有。

少芬老师转向妻子：你曾经有过眼泪吗？

妻子：有。

少芬老师：她流眼泪的时候，回顾一下你的反应？

丈夫：我觉得我有眼泪的时候，我自己调节一下就好了。我觉得她也一样，自己调节一下就好了。

少芬老师：所以在这里你有一个对情感的观念。痛，就自己解决啊！我痛是我自己解决的，妈妈都没有给我关心，所以当妻子有伤痛和委屈时，天经地义应该自己处理。

少芬老师问妻子：你哭的时候，希望这个男人有什么反应？

妻子：安抚我，安慰我，问我什么原因。比如说给我一个拥抱。但他给我的反应基本就是"你有什么好哭的？"他不明白我为什么要哭。

少芬老师：所以刚才你留意到，他这个观点是从哪里学到的？

妻子：父母那里。

少芬老师：所以这是一个心锚，这个心锚下得重不重？那个钉子扎到脚里面啊！妈妈居然觉得炒菜比儿子脚伤了更重要。你可以想象到这个画面吗？这个画面传递了什么样的感觉？冷漠，非常冷漠。很明显，妈妈不知道什么是关心，她也不知道怎么去表达爱。所以，先生小时候有没有从妈妈身上学到关心的能力？我不知道他的妈妈小的时候经历了什么？可能有很相似的一些经历，所以也令她不知道如何表达情感。请问这个心锚有没有影响到你的婚姻？

丈夫：有。

少芬老师：你童年曾经被漠视的经历已经延续到婚姻里，漠视你的妻子，乃至你的孩子。再从孩子的角度看你的爸爸，你觉得这是一个怎样的爸爸？说几个形容词。

丈夫：不理智的，脾气暴躁的，有力量的，简单粗暴，凶恶。

少芬老师：似乎除了有力量这个词，其他都是负面的形容词。你能说说父亲在你心中的印记吗？

丈夫：他就是经常打我，在各种场合打我。有时候我比较调皮，早上买的新衣服，下午弄脏了，他就让我把衣服脱得光光的，内裤都不剩，在自己家门口马路上站一个小时。他会因为我把衣服弄脏了而惩罚我，让我觉得自己不配穿衣服。

少芬老师：我能感受到这个孩子受到很深的羞辱。现在你已经长大了，现在多少岁？

丈夫：现在35岁。

少芬老师：还很年轻。现在我邀请你用35岁的眼光去回看当年这个画面。那个事件曾经带给你的是什么样的感觉？

丈夫：我特别怕邻居的女孩看到我。

老师：是的，那个事件给你种下了羞耻的心锚。当然行为背后都有正面动机，爸爸的惩罚背后，动机是什么？是希望你刻骨铭心，看你下次穿衣服还敢不敢弄脏，他希望你懂得珍惜。可是对于一个孩子来说，他接受了这样的惩罚，他接收到的是什么？一个羞耻和羞辱的心锚。会不会随着时间的推移而自然地消失呢？不会的。当小的时候种下羞耻的种子时，长大以后他会变得很敏感。怀疑别人是不是对他戴有色眼镜？是不是小看我？很容易就会有一个自动化的防御机制出来，去攻击，去保护自己，证明自己。我邀请你去回看自己成长的经历，有没有过这些现象？

丈夫：有。会很在乎别人对我的看法。

少芬老师：对妻子呢？

丈夫：我很在乎她对我的看法。

少芬老师：爸爸妈妈指责的程度和你们夫妻间的指责比起来，哪个更高？

丈夫：一样。我妈和我爸吵架，我妈说你有本事把这个电视机砸了，我爸就会把电视机给砸了，同时我妈妈也会把别的东西给砸了。

少芬老师：所以你从小看到爸爸妈妈会通过砸东西来宣泄情绪。

丈夫：对。

少芬老师转向妻子：我们想象一下，作为这个家庭的孩子，他有没有安全感？我们可以评估一下这个孩子安全感的分数有多少分？0～10分，有多少分？孩子看着爸爸妈妈一起砸东西，他会有恐惧吗？再来评估一下这个男生内在的自我价值感，被爸爸扒光衣服，脚被扎了钉子妈妈也没关心。他内在的价值感，如果0～10分。会有多少分呢？是负分而不是零分！零分只是没有肯定过我，但这是羞辱，很深的羞耻感。假如这个人是你，你经历了这样的羞辱和否定，会种下怎样的种子，能想象到吗？他说这些事早就已经过去了，自己已经成熟了，可以让自己变得跟爸爸不一样，可以让自己变得更理智一些。（转向丈夫）但小时候种下的羞耻感会令你依然很敏感，我猜你应该很在乎她对你是否尊重。

丈夫：特别在乎。

少芬老师：你觉得她什么时候不尊重你？你就会很生气？

丈夫：嗯，吵架的时候或者遇到一些事情不跟我商量的时候。

少芬老师：我猜你会很敏感。

丈夫：吵架的时候，她的表情让我很不爽。

少芬老师：透过这个表情，你看到了什么信息？

丈夫：藐视我。

少芬老师：请留意，被藐视的心锚是在什么时候留下的？妻子的表情会触发你内心被羞辱的感觉。是在什么时候种下的？被扒光衣服的时候，你特别害怕有女孩子经过，特别害怕女孩子用藐视的眼光看你。因此你会用愤怒来保护自己的自尊。你感受一下这个过程。长大后，你看上去很强大，但实际上，这些都是埋藏在你内心深处的感觉。你一直努力地去消除这些羞耻感。小时候被羞辱过，长大后通常会有两个极端的表现：极端的自卑和极端的自我证明。自我证明是什么？就是不断地抓住一切机会来证明自己是有价值的，我是值得被尊重的，我是有用的。这个证明的方式其实是在保护自己内心的自卑感。让人觉得你已经长大了，没有人再敢去欺负你。

丈夫（流泪）：嗯，是的。

第四步：指出丈夫成长的方向

少芬老师：邀请你去感受一下此刻的眼泪，这是内心真实的语言，这些眼泪在你内心冻结了20多年。这些眼泪一直没有被

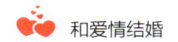

释放出来，如同你也不允许妻子有眼泪一样："我不允许自己有眼泪，我要坚强。"请留意，拔钉子那件事情带来的信念："我要坚强，我要自己照顾自己。"这个信念在那个时候是有效的。因为你不帮你自己，就真的没有人能帮你，但是你要记住：时空变了。如果把那个时候的信念放到婚姻里，你会发现，这个信念是不对的。而且这会成为你们之间情感联结的一个最大的障碍。夫妻为什么要在一起？如果自己顾自己，你的情绪你管好，我的情绪我管好，那不要结婚就行了。为什么要结婚？是因为需要关心，需要感受爱与被爱的感觉，所以走进了婚姻，是这样吗？但是，如果按照小时候的印记、信念"我的钉由我来拔，你的钉也由你来拔"，那两个人干脆分开各自生活，为什么要在一起？所以，我们在这里看到一个很强大的信念：各自拔钉。

少芬老师：这个婚姻缺乏联结了。婚姻是需要有联结的，有爱的流动，互相滋养的，你给我安全感，我给予你安全感，我肯定你，你认可我，你重视我，我也在乎你。但是，这个男孩没有安全感，所以他也没有办法给妻子想要的安全感。婚姻就是一面镜子，我只能给你我有的。没有的，我怎么给你呢？不是不想给，而是他没有。

少芬老师：父母也没有给他做这个榜样，他没有体验过。所以，（转向妻子）如果你有这个能力，对他多一些尊重和理解，多一些关心，走进他的心，让这个男人在你面前自由地流泪，那可能你就是他离不开的人。能听明白吗？

妻子：明白。

第五步：了解妻子原生家庭对她在婚姻中的影响

少芬老师：一段婚姻需要两个人去创造经营。我们来看一下妻子的原生家庭。（问妻子）你是喜欢爸爸还是喜欢妈妈？

妻子：喜欢妈妈多一些。

少芬老师：爸爸妈妈给你小时候的印记是怎样的？他们亲密吗？

妻子：也有吵架，但指责和愤怒比较少。因为我母亲对我和妹妹很疼爱。他们在吵架的时候会避开我们。

少芬老师：他们吵架的时候会尽可能避开你们，但是你知道他们吵架。

妻子：有时候有感觉吧，但是没有那么多。我妈妈是那种内心很柔弱的女性，很多时候别人让她做一些令她为难的事情，她也同样会去做。

少芬老师：所以她有很多委屈。

妻子：她会有委屈，但同时，她会把自己塑造成一个女强人的形象。

少芬老师：你小的时候因为和妈妈感情很深，所以你对妈妈的感受会很强。

妻子：对。

少芬老师：一边把自己塑造得很强，同时又很压抑、很讨好。勉为其难的事情，她全部都会照做。

妻子：是的。但她会指责爸爸。

少芬老师：在外面她是讨好的，对爸爸是指责的。

妻子：我爸爸不是我亲爸爸，是我的继父。在我很小的时候，他们就在一起了。那个时候，我并不知道他是继父，知道的时候已经十几岁了。

少芬老师：你甚至不知道他是你的继父？

妻子：因为我母亲一直带给我们正能量，她不希望家庭的破裂影响我们太多。

少芬老师：明白。妈妈就和很多人一样，不想把一些不属于孩子的悲伤带给孩子，所以她一直隐藏这个真相。

妻子：是的。我一直觉得父亲无视我的存在，对我也不好也不坏，但是他对我妹妹的态度很不一样。

少芬老师：妹妹是他和妈妈生的？

妻子：嗯，是的。

少芬老师：所以你感觉父亲对你和妹妹是有不同的。

妻子：对。

少芬老师：你是在什么时候知道这个秘密的？

妻子：大概十二三岁。上初一或初二的时候。当时知道的时候是无意识的。我收拾东西的时候无意中翻到妈妈的户口本，上面写的是"离异"。当时很吃惊，但是没有去问。一直到我妈真正敞开心扉跟我说这件事，是在我十六岁的时候。

少芬老师：那你现在回想这件事情的时候有什么感觉？我感觉到你有一份压抑。

妻子（流泪）：有。我忽然就明白父亲为什么那样对我。无论我做多少事情，总也得不到他的肯定。我忽然就了解了。就不会去为得到他的认可而去做很多事了。

少芬老师（对着丈夫）：我邀请你去看到她的眼泪。（问妻子）这个眼泪，你在那个时候向妈妈表达出来了吗？

妻子：没有。从来没有说过。我妈妈很在意我的感受，在爸爸面前她很维护我，甚至有的时候给我的爱会比给我妹妹的爱更多。我妹妹就经常说我妈妈偏心，感觉对我好对她不好。

少芬老师：你有很多委屈，对妈妈也不敢表达。你怕她伤心。是这样吗？

妻子：当时我就觉得我妈妈很不容易。我觉得如果是我，我做不到这样。所以我不会和她说很多事情。

少芬老师：所以，在这里有一些尚未表达的悲伤。如果有机会重新回到你12岁，当你知道这个秘密的时候，我邀请你把藏在内心不敢说的话向你妈妈去表达。想象你的妈妈就在面前。

妻子：（开始流泪）

少芬老师：闭上眼睛，回到你12岁的时候。这么小，你内心一直渴望能够得到父爱，你做了很多努力，可是爸爸一直没有肯定你。当你知道他不是亲生父亲的时候，你内心的悲伤无处可说。虽然眼泪都吞到了肚子里面，但这些眼泪、委屈并没有释怀。所以，如果有一个机会，你如何向妈妈表达？放下所有的担心，把你最真实的话向妈妈表达。

妻子（悲伤地流泪）：妈妈，你应该告诉我这一切。如果我知道这一切，就不用那么在乎他对我的看法了。我不用去做那么多事情来证明我自己。

少芬老师：你依然很隐忍，很客气地在和你妈妈说话。你有担心。担心妈妈有更多的委屈和难过。所以，你太懂事了，你懂了一个孩子不该懂的事。你太压抑了，你压抑了一个孩子不该压抑的情感。

第六步：指出妻子的成长方向

少芬老师对丈夫说：父爱的缺失会成为她很大的遗憾，想要不敢要，想说不敢说。里面有很多的委屈和眼泪。（对妻子）现在你已经意识到这些委屈情绪的根源，需要学会如何转化，并对自己的情绪负责。

第七步：让夫妻重新联结情感

少芬老师：你们都有被冻结的情绪。所以在冲突时会无意识地表现出冷漠。不是自己想冷漠，这只是一种惯性的自我保护方式，背后都有正面动机。妻子怕妈妈更加难过，感觉妈妈肩负的东西已经够多了，不想增添妈妈的负担了。是不是很懂事？过于懂事就把自己的眼泪冻结，不再表达。情绪冻结是不是意味这些情绪就会消失？不是。（看向丈夫）孩子脚被钉子扎了，妈妈依然在炒菜，冷漠地说你自己拔掉就行了。所以，你们各自在成长过程里都有各自的功课。你们还有一个共同的特点，刚才都有触碰到内心的眼泪，但是眼泪很快就收回去了，意味着心门是很不容易敞开的，情绪的表达是不自由的。所以，在婚姻里，会不会影响到你们的沟通和交流？

夫妻：会。

少芬老师：我想问问，眼泪是不是一个好东西？眼泪是来自内心深处的。如果我们要对眼泪有个诠释的话，眼泪是内心的语言。当我否定对方的眼泪时，我就把她的眼泪堵住了，于是对方的心门就关上了。所以，当丈夫说"你自己哭""你自己处理"时，这意味着你在拒绝和她用心去沟通。当她有眼泪的时候就说明她的心门是打开的，她内心有很多委屈和无助要表达，她一直渴望父爱，但她不知道她的爸爸去哪里了。她一直很努力地做好自己，但是一直没有得到继父的肯定。那么，她在成长过程里有没有机会学习怎样和男人亲密相处？没有。她一直和继父保持着一定的距离。这个女孩进入婚姻之后是不是也会与丈夫保持距离？这是潜移默化、不知不觉的。

少芬老师：如果她小时候经常和爸爸随意开玩笑，哪怕是扯爸爸的头发、衣服，爸爸都能和颜悦色，那么这个女孩长大以后见到男生会不会不知所措？不会。她很容易接触异性，她不需要在男人面前防备、保持距离，或者猜疑。这对女孩未来的一生影响很大，进入婚姻后，她和丈夫的关系、肢体的联结是很强的。如果成长过程中与爸爸保持距离，可能你和她亲热的时候，她不知道为什么就会推开。我猜会有这个部分。这是我的直觉，妻子会推开丈夫。你会心里面有抵触，是这样吗？

妻子低着头：是的。

少芬老师手里拿着木偶：所以，丈夫在这个部分要看到真相。如果我们不知道真相的话，丈夫在性生活里要亲热，妻子却很冷漠，丈夫会不会有被嫌弃的感觉？会不会怀疑妻子不爱他？

少芬老师：丈夫的自尊会很受挫，觉得你看不起我。那一瞬间他可能不说出来，但会成为一根刺，会觉得这个女人并不爱我，他会起疑心。所以，不要小看一个无意识的举动。它会延伸出一连串、一系列的行为反应。但这是无意识中演绎出来的。那如何解决？

（看向夫妻木偶代表的强指责状态）

少芬老师：重新再回顾这个关系，有没有不一样的感受？

丈夫：有。

少芬老师：你有什么不一样的感受？

丈夫：两个人都因为安全感的问题在相互防卫。

少芬老师：你可以想象他们都穿了多少层盔甲？（问妻子）你觉得穿了多少层的盔甲？

妻子：应该有好几层。其实我付出了很多，但他给不了我想要的那种回应。

少芬老师：我们今天可以一起来看一下原生家庭是如何影响择偶观的。你们为什么选择了彼此？都是因为彼此有相互吸引对方的地方。这个背景里长大的男生，希望能找到一个怎样的老婆？（问丈夫）你希望她是一个怎样的女人？

丈夫：温暖、安全。在家庭里，她对我好，给我温暖，尊重我，能体现出我的价值。

少芬老师拿起妻子的木偶代表：刚认识的时候是这样的，她很乖，体察入微，关心你。

丈夫：是的。

少芬老师：这是你要的。噢，是从什么时候开始变成指责的呢？(朝向妻子)你为什么会找他呢？他找你是因为你的细心，你懂得关心、照顾人。你找他是什么原因？

妻子：就是觉得他能够带给我一种安全感。因为我从小缺少那种父亲的感觉，感觉他比较有力量，可以保护我。

少芬老师：哇，天作之合，一个是柔弱的女子，一个是刚强的男人。看上去是不是阴阳和合的完美结合，是不是？所以她的柔弱激发了你的保护欲，而你的保护欲也会让她觉得很有安全感。她的柔弱正好衬托出你的强大。那我很好奇，你们是怎样变成后来那个样子的？什么时候？

妻子：应该是从生完小孩以后，因为我需要很多帮助，在这个过程中却没有人帮助我。

少芬老师(问丈夫)：是生完小孩之后吗？之前还是挺好的。

丈夫沉默。

妻子：应该是我怀孕的中后期吧，他是给了我安全感，但是对我的关怀其实很少，很多事情都要我自己去做。记得我怀孕7个月的时候，肚子已经很大了，还要自己做饭。冬天下雪后路面很滑，我要自己去买菜，左右手都要提很多东西，甚至有一次大着肚子在路上摔倒了，但是没有人帮我。然后我回到家和他说："我现在买菜不方便，以后你帮我去买菜，我自己做饭也行。"

他就只会说："让你买个菜又怎么了？""不就怀个孕吗？又能怎么样？"。

少芬老师：所以当你听到这些话的时候，有什么感觉？

妻子：很无助。

少芬老师对丈夫说：请留意一下这份无助感。父亲是山，母亲是水。她从小就没有靠山，这是一个遗憾。在婚姻里，都说女人在怀孕的时候是最受宠的时候，但是她并没有享受到这份被宠爱的感觉。首先是因为这个男人在他的成长经历里没有被人疼过，所以他也不懂心疼别人。

妻子：不懂。

少芬老师：他不知道怎么心疼你。所以这又勾起了你童年的一些创伤，就会勾起内心的失落、委屈、无助。没有孩子之前，你还是很尽心尽力去照顾这个男人的，是吗？

妻子：是的。

少芬老师：嗯，有了孩子以后精力就被分散了。

妻子：我发现我除了照顾他之外，还要照顾孩子。很多事情要自己做，他认为是对我好，他要培养我的自立能力。

少芬老师：你现在有新发现吗？

妻子：他的父母就是这样训练他的，所以他现在就这样训练我。但是我想要的是我有困难时，老公会给我一些帮助。我不是要依赖，只是想感到温暖。但是他不觉得，他觉得现在我可以帮助你，如果我不在了，你怎么办？所以你必须学会自己去做这件事情。

因为一直得不到帮助，所以就开始换方式。我就用他对我的那种方式来对他，希望这样他就能够体验我的那种感觉，然后我们就变成互相指责。越来越多地争吵，矛盾就升级了。

少芬老师：所以你现在看到，问题就是答案。（对着妻子）来，先从你这里开始。你想要温暖，却想从一个不知道温暖为何物的男人身上要温暖。如果持续这样要下去，你觉得会有结果吗？

妻子：不会。

少芬老师：你可以继续坚持这样一个目标，我想创造一个温暖有爱的家庭。你觉得需要怎样做才能达到这个目标？

妻子：我觉得首先要改变自己。因为自己在原生家庭缺少一份安全感，没有得到重视。

少芬老师：你很希望丈夫能够重视你，因为你从小就没有得到过。"我怀孕时跌倒了"，这句话背后的声音是什么？是想丈夫能够在乎你。但是丈夫的目标却是要训练你独立。你觉得可以怎么做？

妻子：我觉得首先需要从我自己改变。我们这些互相指责可以变成理智的对话。

少芬老师：如何改变你自己？

妻子：我觉得我自己要给自己足够的安全感。

少芬老师：你要给自己足够的安全感。首先学会自己爱自己，如何爱呢？

妻子：做自己喜欢做的事。不是说他想做什么，我就去迎合

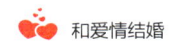

他。我觉得以前忽视了这个方面。

少芬老师：这是一个很好的突破点，除了这个呢？

妻子：我觉得我对孩子亏欠了很多。我希望把孩子接到我们身边来。然后如果我们能各自调整改变，能达到和睦，我希望家是完整的。但要是真的达不到和睦的状态，孩子成长在那种充满争吵的家庭里，我觉得这对孩子来说未必是一件好事。

少芬老师问丈夫：你现在的方向是什么？

丈夫：觉得最好是能够把孩子接过来，重新经营一个完整的家庭。

少芬老师：刚刚妻子说，要学会爱自己。爱自己是有不同的层面的。比如买些自己喜欢的衣服，打扮自己，这只是表层。更重要的是学会觉知自己的心究竟发生了什么。我们内心的小孩其实在成长过程里被灌输了很多信念、价值观。很多遗憾、受伤和被冻结的情绪在心里，而这些创伤有没有被疗愈呢？哪些期待没有得到满足呢？都没有。缺失的心理营养如何让它重新丰满起来？这些才是爱自己的核心。丈夫说，觉得自己已经长大了，看上去比较成熟了。但是，在亲密关系中情绪为什么那么大？因为勾起了内在小孩里面的一个创伤。所以如何回过头来去安抚这个受伤的小孩，让这个受伤的小孩的心智重新成长起来，这是一个很重要的议题。当情绪和冲突起来的时候，要去问自己：我究竟发生了什么？为什么那么痛？是什么样的心锚引起了我心中的那份伤痛？然后你有能力去疗愈你自己。这时候你会发现，无论你遇到什么样的人或事，再也没有任何人可以伤害到你了。他无法伤害你，也无法再刺激到你。所以要找到一个真正懂自己的人，在哪里呢？

丈夫拍拍自己的心口：在我自己这里。

少芬老师按按他的心口：在你这里。是的。他不在外面，懂你的人在这里。我邀请你俩面对面。看着对方，回顾你们成长的经历，那个小孩在原生家庭里受过的创伤、受过的委屈，那份不被待见、不被重视，那种被忽略的感觉，再怎么努力也没有得到认可的那份委屈和失落，甚至不知道自己父亲在哪里的迷茫。邀请你通过他的样子，看到他内心曾经的创伤，还有一件又一件未完成的心愿，长大后是如何投射给对方的？我希望你能做我理想的妈妈，我希望你能做我理想的爸爸。这是一个小孩子的游戏。如果我们还是一个小孩子，向父母去争取爱，那是天经地义。但是今天，我们已经为人父母，所以似乎这一部分需要做一些调整。我们再也没有办法向父母去争取爱，也不能把在爸爸妈妈那里得不到的爱投射给伴侣。

第八步：疗愈双方内在的小孩

少芬老师：（邀请他们看着自己的代表）穿越那个大人的模样，穿越她的委屈、她的愤怒，看到她底层的悲伤和难过，甚至还有失望。同样地，也穿越他的羞辱，穿越他的痛苦，穿越他的愤怒。在成长的过程中，我们一直忙着去证明自己，却忘记了那个真正可以给我们力量的内在的小孩。所以当你们准备好的时候，我邀请你们闭上眼睛。对，只有你们闭上双眼的时候，才能

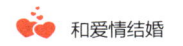

打开内在的慧眼。深深地吸气,缓缓地吐气。告诉自己,今天我已经长大了。再一次吸气和吐气,把那些曾经压抑的委屈、愤怒通过嘴巴呼出去,把觉知的力量,通过你的吸气带进你的身体。我邀请你们两个通过内在的慧眼看到小时候的自己,他已经多久没有被看见了?他埋藏在内心最深处的委屈一直没有被看见。所以,这个部分一直成为他一生去完成、一生去追逐、一生去证明、一生去满足的动机。看着他,有没有留意他,离你有多远?他是否一直藏在你内心最深的一个角落。你看到他了吗?有没有看到他已经孤独了多久?一个人在那里没有被看见,深深的失望、迷茫,他曾经也有过挣扎,但是,似乎并没有人去理会他。当你准备好的时候,我邀请你放松、放松,越放松,你的潜意识就越会打开,你内在曾经被冻结的情感越容易得到释放、流动。放松,持续地做深呼吸。随着每一次深呼吸,都感觉到身体比之前更加放松,你和自己的内心都可以有更好的联结、更好的遇见。所以,当你准备好的时候,可以慢慢地鼓起勇气张开双臂抱着他。告诉他,我已经长大了,我已经不是当年那个小孩了,我有能量可以保护你。

(和内在小孩联结)

闭上眼睛去感觉,你似乎看到他的样子,看看他的眼神,因为他已经习惯了孤单,你留意到他的眼神有点儿惊慌失措:这是谁?为什么他会走向我?请你留意他的身高、他的身材,当年你就是这样瘦小,肌肉还没有长出来。他在成长的过程里,有没有人温柔地去抚摸他,拥抱他?可能过去从来没有,但现在由你来创造，去拥抱他，对他说：××，是我，看着我，我已经长大了，现在我已经可以保护你，不需要让你重新经历那些创伤和痛苦。我知道在你内心曾经有很多委屈和痛苦，说不出来的痛苦，渴望有一个人关心、爱护你。今天我来了，请你看着我，我已经长大了。他可能有点儿不知所措，他不太确认"这是真的吗？真的还会有人来爱护我吗？"。用你内在的眼睛看着他的眼睛，看着他，跟他说，我已经长大，从今以后没有人可以再伤害你、攻击你、羞辱你。你可以尝试着把他抱到怀抱里，给他一个从来没有过的温暖的怀抱，结实有力的拥抱，把你全身心的力量给到他。这是你内心中一直渴望的。在成长过程中你受到委屈和创伤时，你一直渴望有一个强大的肩膀给你力量。跟他说：××，我看到你了，我看到你的悲伤，如果你有眼泪，我会允许你在我面前自由地流泪，眼泪代表你内心最真实的语言。如果没有人能理解你，假如连妻子/丈夫也无法理解你，请放心，我可以理解你。如果你内心有孤独，我会给你一个拥抱。去想象那个孤独了三十多年的小孩，今天终于有一个真正理解他的人给他一个强而有力的拥抱，他会是怎样的感觉呢？邀请你用最真诚的心去融化他、感动他，把他那颗冰封三十多年的心用你的真诚去融化。在感动别人之前把自己感动，在去爱别人之前先把这份爱给你自己，在去真正理解别人之前先去理解自己。那个生命当中最重要的人，一直在寻寻觅觅，能够陪伴你、懂你的那个人不在外面，就在你的内在。现在，我邀请你和你的内心说接下来的这些话：××，我看见你了，对不起，我过去一直以为自己很坚强，但是没想到，我过去三十多年来，把一份冷漠给了你。请原谅，原谅我过去一直漠视你的孤独，却一直在外面寻找答案。谢谢你，谢谢你过去三十多年不离不弃，一直在我身旁陪伴我。在我跌倒的时候，是你鼓励我一次又一次地站起来，告诉我可以做到。谢谢你，谢谢你的不离不弃，尽管我是如此忽略你。告诉他，在未来的日子里，我会陪伴在你的左右，陪你一起回家，回一个由我们一起创造的幸福的家。

第九步：检验个案的效果

少芬老师邀请夫妻对视：现在都有什么不同的感觉？

丈夫：我感觉不应该用对自己的方式去对她。我很感谢从前的自己经受了很多来自家庭和同学的打击，现在我比他们强。在金钱上，比他们都强，我超过了父母，超过了所有的同学。这都是我自己努力得来的。我很感谢小时候的经历。

少芬老师：我看到你流了很多汗。

丈夫：刚刚我一直用心在和从前的我说话。

少芬老师：这是一份能量的流动。

丈夫：我感谢从前的自己，吃过不少苦，更坚定了自己持续向上的动力。但我用对自己的方式同样去对待妻子。这是错误的。

少芬老师：你愿意和她一直保持这样的距离吗？

丈夫：我希望能和她更近一点儿。

少芬老师：你希望能近一点儿。（转向妻子）你呢？此刻你再看你丈夫的时候有什么不一样的感受吗？

妻子：我现在更能理解他做很多事的一些原因。

少芬老师：你现在有什么感受？

妻子：我觉得他父母的影响对他很不好，从心里感觉到他很可怜。

少芬老师：同时呢？他从那个经历走到今天，你又会如何欣赏他？

妻子：我觉得他很不容易，如果把我放在他的那个家庭里，我可能觉得自己做得不一定有他好，甚至会比他差很多。

少芬老师：所以，这是一个很坚强的男子汉。我建议你们眼神联结十秒。看着这么帅气的丈夫，丈夫也看着这么娇小的妻子。你们是否愿意去改变这个距离？你们可以继续保持这个距离站在这里，也可以主动地迈出第一步。

丈夫主动迈向了妻子。

少芬老师：近距离再看一下，感受一下。

妻子（流泪）：当初和你结婚之前，我在犹豫是否要和你结婚。你当时做过一件事让我下定决心嫁给你：一次我和一个男人发生口角，你当时就上去打了那个人，当时我就有很强大的安全感，觉得你就是我要找的人。我觉得和你过日子，以后你能保护我。

少芬老师：接下来，你们是否愿意为增加彼此的安全感做出一些积极的努力？（问丈夫）你愿意继续去努力吗？

丈夫：我愿意。

少芬老师：那你呢？你愿意继续去努力吗？

妻子：我愿意。

少芬老师对着丈夫说：你有没有看到她现在的眼泪？

丈夫走向妻子，主动拥抱了妻子。

少芬老师邀请夫妻手拉手、面对面：现在我邀请你俩回顾一下：当初对方怎么深深地吸引了你？对方又曾为你做过什么样的努力？过去你对他的这些努力，有没有发自内心地欣赏和感恩，还是视为理所当然？如果关系里面一直只有索取，关系就会变干涸。如果彼此互相给予和感恩，这段关系就会变得滋养。所以这是一念天堂，一念地狱。你可以继续证明你是对的，对方是错的。这些是否对婚姻有利呢？如果你的决定是继续在一起，你可以做出一些什么积极、有意义的行动？你是否愿意去为那个温暖和谐的关系做出一些调整，说出一些从来没说过的话？可能有些话对你来说真的很难说出口，很肉麻，你是否愿意去挑战这个部分，这由你来决定。肉麻的话，可能你会以为没有用，但是对对方来说就是甘露，就是救活这段关系的甘露。看着她的眼泪，跟她说一些你之前没有说过的话。

丈夫对妻子：老婆，有眼泪是可以的。关心是我的功课，你的眼泪提醒我，人是有血有肉的。当你流眼泪的时候，说明你是一个有血有肉的人。我忽然发现过去我把自己活成了一个机器人，已经丢失了作为一个人的情感。所以你在提醒我，我是一个人，我可以有眼泪。

少芬老师举起丈夫的手去擦拭妻子的眼泪。丈夫露出了羞涩的笑容。

少芬老师：这不是很美吗？我要开一门课，教那些"机器人"如何谈情说爱。